WE LOVE JERSEY * WE LOVE JERSEY

BRIGITTE
BÜGE

JERSEY

Heute näh' ich, morgen trag' ich …

In den Größen
36 bis 44

CV

VORWORT

Du bist Jersey-Fan und liebst diesen bequemen Stoff über alles?

Dann wirst du hier fündig! Von der Culotte, dem Shirt, Top und Kleid bis zum Rock und der Reversjacke ist alles dabei. Super Wohlfühl-Mode, trendy Party-Dress und schicke Büro-Outfits – hiermit bist du immer richtig angezogen.

Kombinationsvorschläge sagen dir, welche Stylings am besten zusammenpassen – denn hier ist alles vielseitig einsetzbar!

Diese Designs sind aber nicht nur stylisch und bequem, sondern auch richtig einfach nachzunähen.

Dank einem detaillierten Nähworkshop zu Kräuseln, Einfassen von Schnittkanten und Seitennaht-Taschen kann nichts schiefgehen und so ist auch Einsteigern der Näherfolg garantiert!

Gleich an die Nähmaschine!
Viel Spaß beim Nähen und Tragen deiner neuen Lieblings-Jersey-Outfits!

INHALT

Schwierigkeitsgrade:

- ✂ = einfach
- ✂✂ = mittel
- ✂✂✂ = anspruchsvoll

ZUR AUTORIN

Ich liebe meinen Beruf und lebe meine Berufung.

Da ich finde, dass man Wissen und Kreativität weitergeben muss, bilde ich seit vielen Jahren junge Menschen zu Maßschneidern und Maßschneiderinnen aus.
Die ganze Vielfalt, die dieser Beruf beinhaltet, habe ich mit Freude erlernt. Schon als Kind saß ich im Atelier meiner Mutter und habe Knöpfe angenäht. Mit 16 Jahren nähte ich Kleidungsstücke für meine Freunde. Nach dem Abitur begann ich eine Schneiderlehre. Nach Abschluss dieser Berufsausbildung arbeitete ich ein Jahr als Kostümschneiderin an einem Theater. Ein Studium zur Modedesignerin & Schnitt-directrice folgte.

Der Wunsch, eine eigene Kollektion herzustellen, stand für mich schnell fest!
Seit 20 Jahren entwerfe ich nun jährlich 2 Kollektionen, die sich unter dem Namen „Brigitte Büge Collection" auf dem Markt im In- und Ausland gut etabliert haben.

Auf internationalen Stoffmessen suche ich zweimal im Jahr Stoffe für meine Kollektionen aus. Vorwiegend kaufe ich Stoffe aus Kollektionen von italienischen Textildesignern, die auch in Italien produziert werden. Qualität hat bei mir einen sehr hohen Stellenwert. Die Stoffe für dieses Buch wurden ebenfalls aus diesem Sortiment gewählt. Da diese jedoch nicht im Handel erhältlich sind, besteht die Möglichkeit, sie in unserem Online-shop zu erwerben (brigitte-buege-online.com).

Bei Fragen zu den Anleitungen oder Nähtechniken aus diesem Buch geben wir gerne unter 040 8993286 professionelle Hilfestellung.

In Hamburg befinden sich unser Geschäft und das Schneideratelier seit 1998 am Grindelberg 79. Kleinere Änderungswünsche können wir somit in den meisten Fällen spontan erfüllen.

In List auf Sylt befindet sich unser Geschäft in der Ladenzeile von List. Sie liegt zwischen Strand und dem neu errichteten Einkaufszentrum in der Hafenstraße 7.

STYLE # HE LOOK # PE FECT OUTFI

MY STYLE # THE LOOK # PERFECT OUTFIT

WORKSHOP

KRÄUSELN

1 Rüsche vorbereiten. Schnittkanten versäubern 1a und bügeln 1b.

2 An der oberen versäuberten Schnittkante fußbreit nähen (hierbei den Stich etwas größer stellen) 2a. Danach fußbreit unterhalb der ersten Naht die zweite Naht nähen 2b.

3 Am Nahtanfang die beiden Fäden miteinander verknoten 3.

4 Am Nahtende die beiden Unterfäden gleichmäßig auf die vorgegebene Länge ziehen. Danach die Enden verknoten 4.

5 Angekräuseltes Rüschenteil rechts auf rechts auf das Vorder- bzw. Rückenteil legen und mit Stecknadeln befestigen 5.

6 Die Naht mittig der Kräuselung nähen 6.

7 Vorsichtig die Kräuselfäden entfernen, so dass nur noch die Ansatznaht bleibt 7.

8 Die Naht vom Rüschenteil bügeln. Dafür das Rüschenteil auf dem Ärmelbügelbrett nach unten lose fallen lassen und die Nahtzugabe in das Ober- bzw. Rückenteil bügeln 8.

TIPP: Stecknadeln stets quer zur Nährichtung stecken und beim Nähen erst kurz vor dem Nähfuß herausziehen.

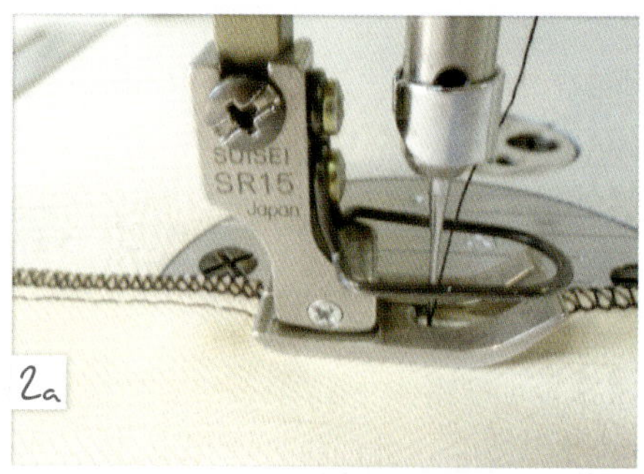

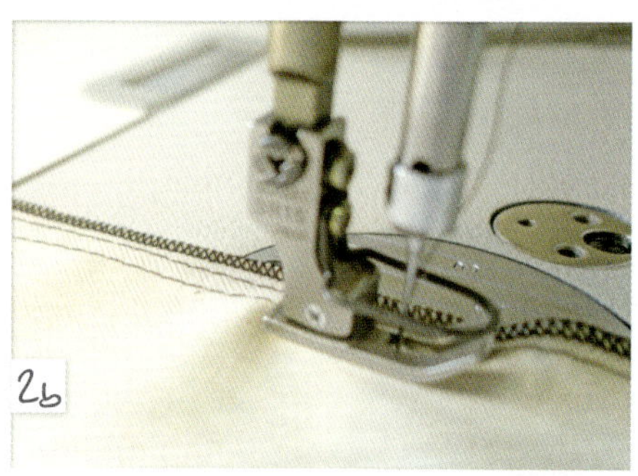

EINFASSEN VON SCHNITTKANTEN ODER NAHTZUGABEN

1 Einfassband vorbereiten.
Je nach gewünschter Einfassbreite (0,5 cm, 0,75 cm oder 1,0 cm ...) eine Pappschablone in doppelter Breite anfertigen:
Einfass 0,5 cm – Pappschablone 1,0 cm breit;
Einfass 1,0 cm – Pappschablone 2,0 cm breit.
Den Streifen von rechts auf das Bügelbrett legen (= die rechte Stoffseite liegt unten). Die Pappschablone auf den Streifen legen 1a und die Nahtzugabe um die Schablone herumbügeln. 1b + 1c

2 Fertig eingebügelter Streifen. 2

3 Eine Seite des Streifens aufgeklappt rechts auf links auf die einzufassende Schnittkante legen. Die Schnittkanten vom Streifen und Stoffteil liegen deckungsgleich aufeinander. Mit Stecknadeln fixieren. 3

4 Genau in der Bruchfalz der aufgeklappten Kante die Strecke nähen. 4

5 Die äußere Bruchkante des Streifens um die Nahtzugabe herum auf die rechte Seite schlagen und den Streifen genau auf der sichtbaren Naht feststecken. 5

6 Den Streifen knapp vor der äußeren Bruchkante aufsteppen. 6

7 Fertiger Einfassstreifen. 7

1a

1b

1c

2

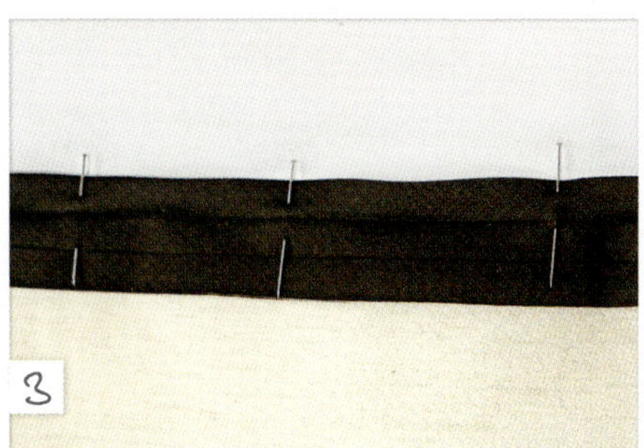
3

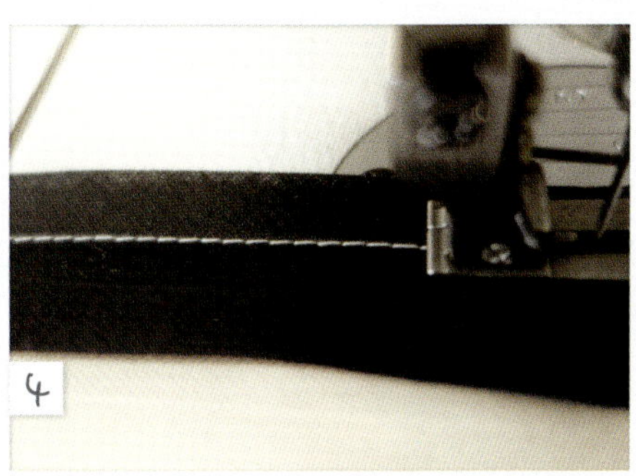
4

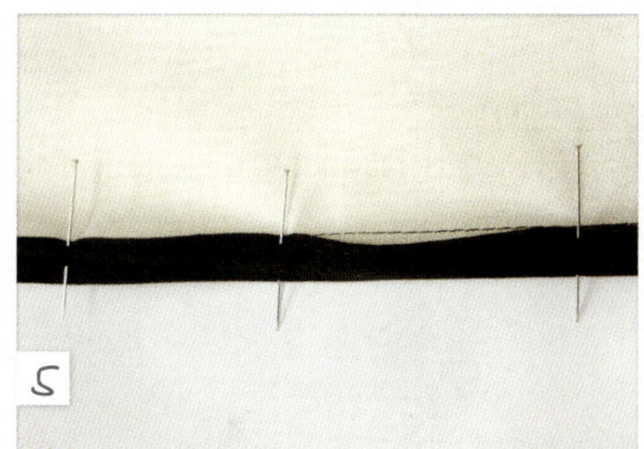
5

6

7

SEITENNAHT-TASCHE

1 Die Schnittkante des Taschenbeutels rechts auf rechts auf die Kante des Schnittteils legen und mit Stecknadeln befestigen. 1

2 Die Strecke bei 1 cm Nahtbreite nähen. Anfang und Ende gut verriegeln. Hierbei nicht über die Stecknadeln nähen. 2a + 2b

3 Den Tascheneingriff des Taschenbeutels versäubern. 3

4 Nahtzugaben am Tascheneingriff einschneiden. 4

5 Tascheneingriff nach rechts schlagen und bügeln. Nahtzugabe liegt im Taschenbeutel. 5

6 Taschenbeutel auf die linke Seite schlagen und den Tascheneingriff in den Nahtbruch bügeln. 6a + 6b

7 Den zweiten Taschenbeutel rechts auf rechts auf den angenähten Taschenbeutel legen und mit Stecknadeln feststecken. 7

8 Die Beutelaußenkanten zusammennähen. 8a + 8b

9 Die Schnittkanten des Taschenbeutels versäubern. 9

10 Fertige Tasche von rechts 10a und von links 10b.

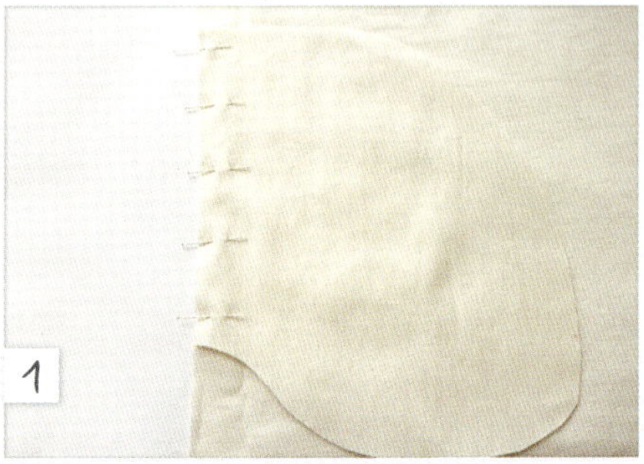
1

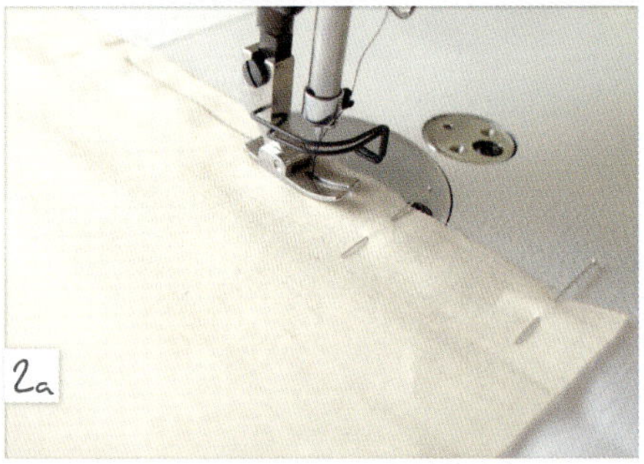
2a

2b

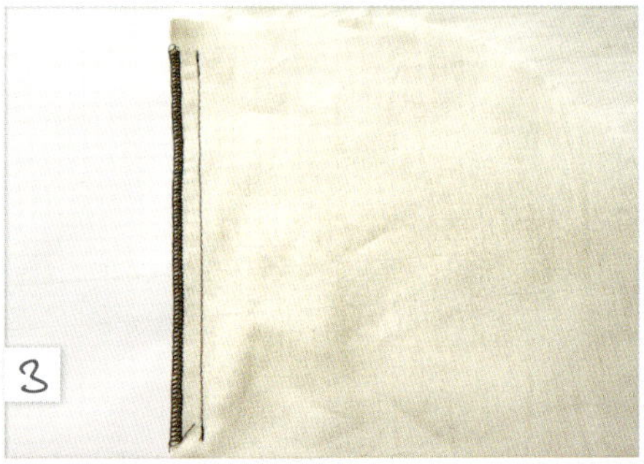
3

4

5

6a

6b

7

8a

8b

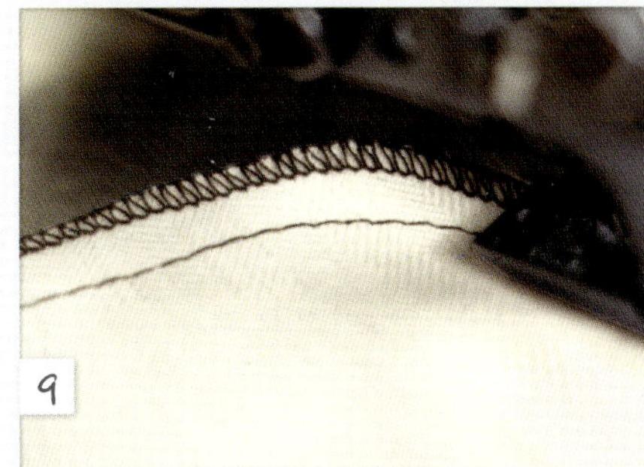
9

10a

10b

HIER GEHT'S ZU DEN DESIGNS * HIER GEHT'S Z

DEN DESIGNS + HIER GEHT'S ZU DEN DESIGNS +

EINFACHER SCHNITT – SOOO COOL!

DURCH DIE VERARBEITUNG MIT OFFENEN SCHNITTKANTEN IST DIESE JACKE EIN RICHTIGER „EYECATCHER"!

Sportive Rundhals-Jacke

Größen 36 · 38 · 40 · 42 • Schwierigkeitsgrad ✂✂✂

Schnittbogen A in Schwarz

Material

- Sweat-Jersey in Grau (100 % Baumwolle, 200 cm breit), 90 cm
- elastischer Einlagestreifen in Weiß (1 cm breit), 200 cm
- Druckknöpfe, silberfarben, 4 Stück
- Farblich passendes Nähgarn

DAS STREIFENSHIRT VON SEITE 52 PASST PERFEKT DAZU UND EINE WEIẞE JEANS ERGÄNZT DAS OUTFIT. WAS WILL FRAU MEHR ...

Zuschneiden

Die Schnittteile der gewünschten Größe vom Bogen auf Papier kopieren und ausschneiden.

Bitte beachten: Die Vorderteil-Blende aus dem Vorderteil, die hintere Halsausschnitt- und die hintere Saumblende aus dem Rückenteil und die Ärmelblende aus dem Ärmel kopieren.

Schnittbogen A in Schwarz

Größe: 36 ------------

Größe: 38 ‹✱✱✱✱✱✱✱✱✱✱›

Größe: 40 -·-·-·-·-·-·-

Größe: 42 ————————

Schnittteile gemäß Zuschneideplan auf den Stoff legen.
Als Nahtzugabe an der oberen Taschenkante 2 cm, an allen äußeren Blendenschnittkanten 0,5 cm, an den restlichen Schnittkanten 1 cm zugeben.

- 11 Vorderteil
- 11a Vorderteil-Blende
- 12 Rückenteil
- 12a hintere Halsausschnittblende
- 12b hintere Saumblende
- 7 Ärmel
- 7a Ärmelblende
- 13 Tasche

Zuschneideplan

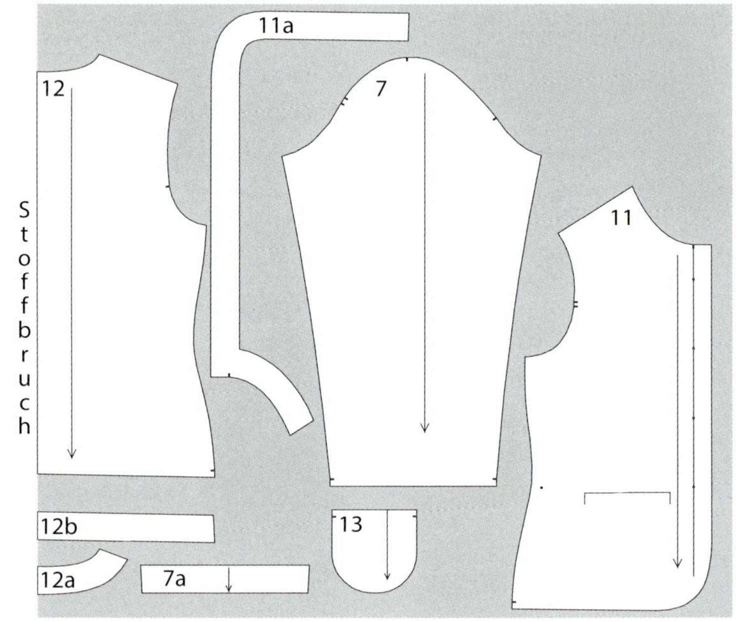

So wird's gemacht

1 **Den elastischen Einlagestreifen auf folgende Strecken bügeln:** Hintere Schultern – von links aufbügeln; hinterer Halsausschnitt – von rechts aufbügeln; vordere Halsausschnitte – bis zur vorderen Kante von rechts aufbügeln; vordere Kanten inklusive Saumrundung – von rechts aufbügeln.

2 **Schulter- und Seitennähte schließen:** Vorderteile rechts auf rechts auf das Rückenteil legen, sodass die Schulter- und Seitenschnittkanten deckungsgleich aufeinanderliegen. Die Strecken feststecken und bei 1 cm nähen. Nahtzugaben versäubern und in das Rückenteil bügeln. Alle äußeren Schnittkanten (Halsausschnitt, vordere Kanten und Saum) 1 cm nach rechts umbügeln.

3 **Blendenverarbeitung:** Vorderteilblenden rechts auf rechts auf die hintere Halsausschnitt- sowie die hintere Saumblende legen, sodass die Schulter- und Seitenschnittkanten jeweils deckungsgleich aufeinanderliegen. Strecken stecken. Schulter- und Seitennähte in den Blenden schließen. Nahtzugaben auseinanderbügeln. Die Blende links auf rechts auf die umgebügelten Schnittkanten der Jacke legen. Dabei darauf achten, dass die äußeren Schnittkanten der Blende stets 0,5 cm über der eingebügelten Bruchkante nach außen überstehen. Gesamte Blende von links feststecken. Schulter- und Seitennähte von Blende und Jacke liegen exakt aufeinander. Von links – knappkantig ab der Jacken-Bruchkante – die Blende ringsherum auf der

Jacke feststeppen. Von rechts die inneren Blendenkanten feststecken und bei 0,5 cm ab Schnittkante ringsherum auf die Jacke steppen.

4 **Druckknöpfe annähen:** An den vorderen Kanten die Positionen der Druckknöpfe markieren und diese von Hand annähen.

5 **Ärmel:** Die Ärmel an den Längsschnittkanten rechts auf rechts deckungsgleich aufeinanderlegen und die Nähte bei 1 cm schließen. Nahtzugaben versäubern und nach hinten bügeln. Die Ärmelsaumkanten 1 cm nach rechts bügeln.

6 **Ärmelblende:** Die Ärmelblenden jeweils an den kurzen Kanten rechts auf rechts legen und bei 1 cm zum Ring schließen. Nahtzugaben auseinanderbügeln. Die Ärmelblenden jeweils links auf rechts auf die umgebügelten Ärmelsaumkanten legen. Dabei darauf achten, dass die äußeren Schnittkanten der Blende stets 0,5 cm über der eingebügelten Bruchkante nach außen überstehen. Die Blenden feststecken. Ärmel- und Blendennaht liegen exakt aufeinander. Von links knappkantig von der Ärmel-Bruchkante die Blende auf dem Ärmel feststeppen. Von rechts die inneren Blendenkanten feststecken und diese bei 0,5 cm ab Schnittkante auf den Ärmel steppen, dafür den Ärmel auf die linke Seite wenden.

7 **Ärmel einnähen:** Beim Einsetzen des Ärmels in das Armloch immer darauf achten, dass der rechte Ärmel in das rechte Armloch und der linke Ärmel in das linke Armloch genäht wird! Die Ärmelnaht liegt rechts auf rechts exakt auf der Seitennaht. Die Ärmelkugel kantenbündig in das Armloch stecken und bei 1 cm festnähen. Nahtzugaben versäubern.

8 **Taschen:** Die Taschen werden ebenfalls mit offenen Schnittkanten verarbeitet. Den Tascheneingriff 2 cm nach links bügeln und den Umbruch von links füßchenbreit ab der äußeren Schnittkante feststeppen. Die Taschen links auf rechts an die Markierungspunkte im Vorderteil legen, feststecken und 0,5 cm neben der offenen Schnittkante auf das Vorderteil steppen. Noch einmal füßchenbreit daneben absteppen.

LÄSSIGES TOP FÜR JEDEN ANLASS

EIN MUST-HAVE FÜR JEDEN KLEIDERSCHRANK! IN VIELEN BUNTEN FARBEN, UNI, BEDRUCKT ODER MIT MUSTER GENÄHT ... UND FRAU HAT ZU JEDEM STYLE EIN TOP.

Basic-Top

Größen 34/36 · 38/40 · 42/44 • Schwierigkeitsgrad ✂

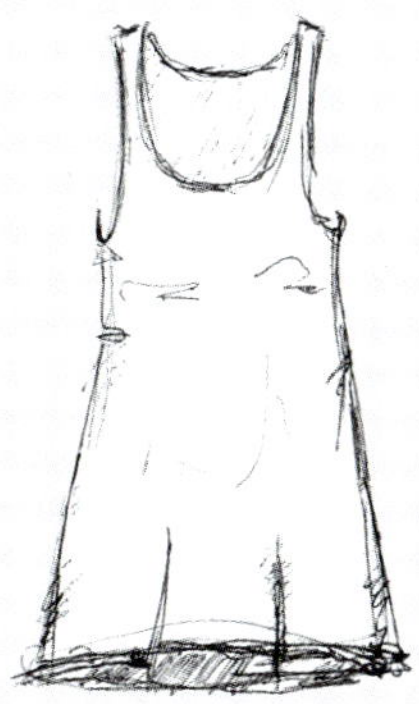

Schnittbogen D in Rot

Material

- Viskose-Jersey in Ecru (100 % Viskose, 140 cm breit), 90 cm
- Farblich passendes Nähgarn

DIE SCHLITZE IN DEN SEITENNÄHTEN GEBEN DEM TOP SEINE LÄSSIGKEIT.

Zuschneiden

Die Schnittteile der gewünschten Größe vom Bogen auf Papier kopieren und ausschneiden.

Schnittbogen D in Rot
Größe: 34/36 - - - - - - - - - - - -
Größe: 38/40 ○○○○○○○○○○○○○○○
Größe: 42/44 ————————

Schnittteile gemäß Zuschneideplan auf den Stoff legen.
Als Nahtzugabe an den unteren Kanten 2 cm, an den restlichen Schnittkanten 1 cm zugeben.

- 9 Vorderteil
- 10 Rückenteil

Nachfolgende Schnittteile sind mit Nahtzugabe angegeben:

- A Halsausschnittblende: 6 cm kürzer als die Halsausschnittkante, 4 cm breit.
- B Armausschnittblenden: 4 cm kürzer als die Armausschnittkante, 4 cm breit.

Zuschneideplan

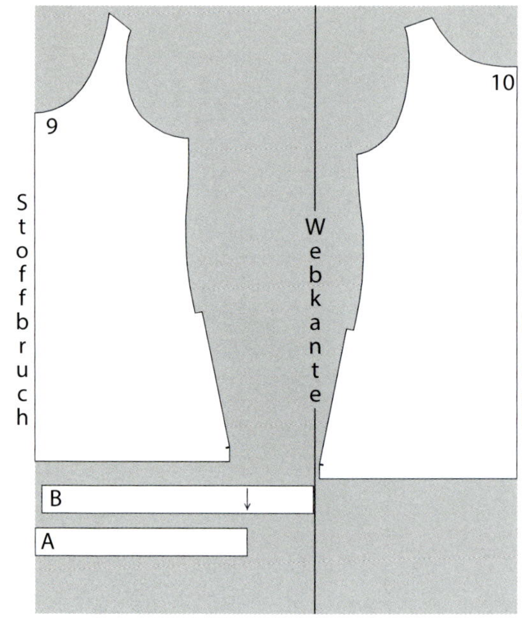

So wird's gemacht

1 **Saum:** Die unteren Kanten von Vorder- und Rückenteil versäubern und 2 cm nach links umbügeln. Die Säume an der versäuberten Kante knappkantig auf das Vorder- bzw. Rückenteil steppen.

2 **Schulternähte schließen:** Vorder- und Rückenteil rechts auf rechts legen, sodass die Schulterschnittkanten deckungsgleich aufeinanderliegen. Die Schulternähte bei 1 cm schließen. Nahtzugaben versäubern und in das Rückenteil bügeln.

3 **Halsausschnittblende:** Die Blende an den kurzen Kanten rechts auf rechts legen und bei 1 cm zum Ring schließen. Nahtzugaben auseinanderbügeln. Die Blende an den langen Kanten links auf links in den Bruch bügeln, sodass die Schnittkanten exakt aufeinandertreffen. Den, im Bruch liegenden Ring, in gedehntem Zustand rundum füßchenbreit ab Schnittkanten zusammensteppen. Die Blende leicht gedehnt, rechts auf rechts mit den Schnittkanten an die Schnittkante des Halsausschnittes

stecken. Die Naht der Blende liegt entweder an der linken oder an der rechten Schulternaht deckungsgleich auf. Die Blende bei 1 cm annähen, Schnittkanten versäubern. Die Nahtzugaben in das Oberteil bügeln und von rechts füßchenbreit feststeppen. 3

4 **Seitennähte schließen:** An Vorder- und Rückteil die Seitenschnittkanten, inklusive Schlitzkanten, versäubern. Das Vorderteil rechts auf rechts auf das Rückenteil legen und die Seitennähte bei 1 cm bis zum Markierungspunkt des Schlitzes schließen. Nahtende gut verriegeln. Nahtzugaben auseinanderbügeln – am Schlitz nach links umbügeln. Schlitzkanten feststecken und an der äußeren versäuberten Kante aufsteppen. An oberer Schlitzkante quer steppen.

5 **Armausschnittblenden:** Die Armausschnittblenden wie die Halsausschnittblende arbeiten, siehe Punkt 3. Darauf achten, dass die Naht der Armausschnittblende deckungsgleich auf der Seitennaht liegt.

3

UP TO DATE MIT DER CULOTTE

... AUS JERSEY – DAS IST BEQUEMLICHKEIT PUR! UND SIEHT AUCH NOCH SO RICHTIG HIP AUS. VERLEIHE DEINEM LOOK ETWAS BESONDERES.

Culotte

Größen 34/36 · 38/40 · 42/44 • **Schwierigkeitsgrad** ✂✂

Schnittbogen A in Blau

Material

- Viskose-Jersey in Grau bzw. Dunkelblau (96 % Viskose, 4 % Elasthan, 150 cm breit), 180 cm
- Gummiband in Schwarz (4 cm breit), 90 cm
- Farblich passendes Nähgarn

OB IM BÜRO ODER IN DER FREIZEIT, DIE RICHTIGE KOMBI UND DU BIST IMMER TRENDY.

Zuschneiden

Die Schnittteile der gewünschten Größe vom Bogen auf Papier kopieren und ausschneiden.

Bitte beachten: Für die Hinterhose die Teile 2 und 2x zusammensetzen.

Schnittbogen A in Blau

Größe: 34/36

Größe: 38/40

Größe: 42/44

Schnittteile gemäß Zuschneideplan auf den Stoff legen.
Als Nahtzugabe an den unteren Beinkanten 2 cm, an den restlichen Schnittkanten 1 cm zugeben.

- 1 Vorderhose
- 2 + 2x Hinterhose
- 3 Bund

Zuschneideplan

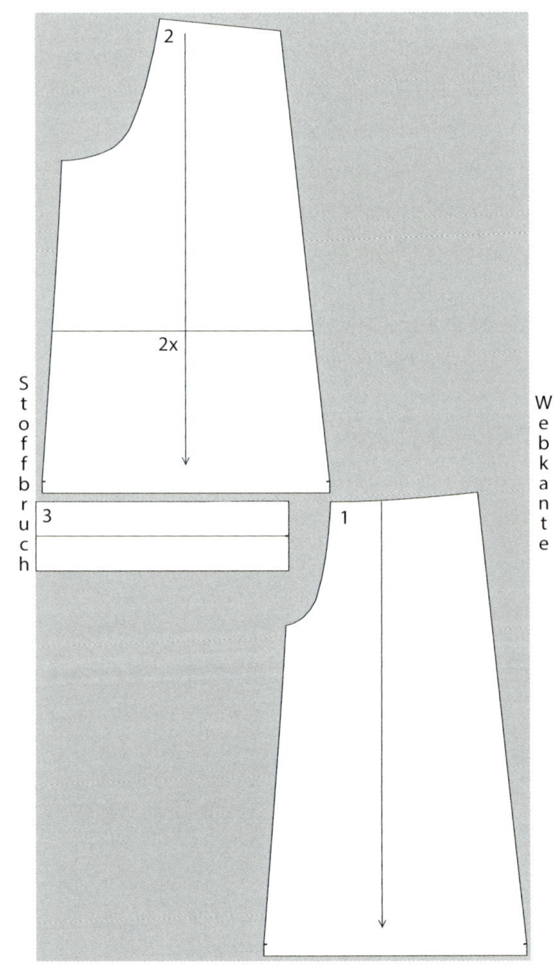

So wird's gemacht

1 **Vorder- und Hinterhose zusammennähen:** Je eine Vorder- und Hinterhose rechts auf rechts legen, sodass jeweils die äußeren Beinkanten sowie die inneren Beinkanten deckungsgleich aufeinanderliegen. Diese Kanten zusammenstecken und bei 1 cm schließen. Die Nahtzugaben versäubern und in die Hinterhosenteile bügeln. Beide Hosenbeine rechts auf rechts ineinanderstecken – die Schnittkanten der Schrittnaht liegen deckungsgleich, die inneren Hosenbeinnähte treffen exakt aufeinander. Die Schrittnaht bei 1 cm schließen, Nahtzugaben versäubern und in eine Richtung bügeln.

2 **Hosensäume:** Die unteren Hosenbeinkanten versäubern und 2 cm nach links umbügeln. Die Säume an der versäuberten Kante knappkantig auf die Hosenbeine steppen.

3 **Hosenbund:** Den Bundstreifen an den kurzen Kanten rechts auf rechts bei 1 cm zum Ring schließen. Die Nahtzugaben auseinanderbügeln. Den Hosenbund an den langen Kanten links auf links legen und den Bruch einbügeln. Gummiband auf Taillenweite plus 2 cm schneiden. Die Gummibandenden 2 cm übereinanderlegen und mit einem Viereck zusammennähen. Das Gummiband auf der Innenseite bis an die Bruchkante zwischen die Bundlagen schieben, Bund-Schnittkanten zusammenstecken und heften. Den Bundring jeweils an vorderer und hinterer Mitte sowie an den Seiten abstecken, dabei das Gummiband auf Stoffweite dehnen. Bund an den markierten Stellen vertikal absteppen.

4 **Hosenbund annähen:** Die vorderen und hinteren Mitten von Bund und Hose rechts auf rechts aufeinanderstecken. Ebenso die Bundseiten auf die äußeren Hosenbeinnähte stecken. Hosenbund in gedehntem Zustand bei 1 cm an die Hose nähen. Nahtzugaben versäubern und in die Hose bügeln. Die Naht von rechts auf der Hose schmal und füßchenbreit absteppen.

TOLLE WARE!

EIN SHIRT FÜR VIELE MÖGLICHKEITEN. LÄSSIG ZU JEANS, FRECH ZUR BEACHPARTY.

Raglan-Shirt mit 3/4 Arm

Größen 36 · 38 · 40 · 42 • **Schwierigkeitsgrad**

Schnittbogen D in Schwarz

Material

- Loch-Jacquard in Rot (95 % Baumwolle, 5 % Elasthan, 145 cm breit), 130 cm
- Farblich passendes Nähgarn

BEI FLICKEN-JEANS UND LEDERJACKE IST DAS RAGLAN-SHIRT EINE GUTE ERGÄNZUNG ZUM OUTFIT.

Zuschneideplan

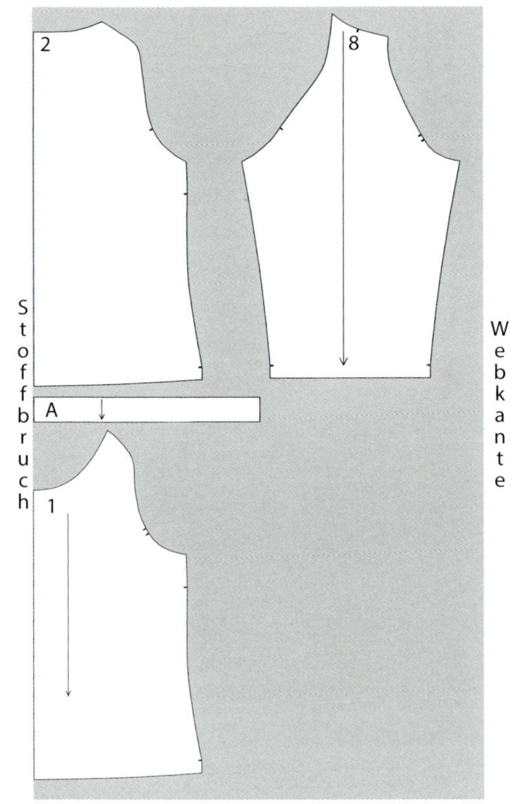

Zuschneiden

Die Schnittteile der gewünschten Größe vom Bogen auf Papier kopieren und ausschneiden.

Schnittbogen D in Schwarz

Größe: 36

Größe: 38

Größe: 40

Größe: 42

Schnittteile gemäß Zuschneideplan auf den Stoff legen, dabei beachten, dass das Lochmuster bei Vorder- und Rückteil sowie bei den Ärmeln jeweils auf gleicher Höhe liegt.

Als Nahtzugabe an den unteren Kanten 2 cm, an den restlichen Schnittkanten 1 cm zugeben.

- 1 Vorderteil
- 2 Rückenteil
- 8 Ärmel

Nachfolgendes Schnittteil ist mit Nahtzugabe angegeben:

- A Halsausschnittblende: 6 cm kürzer als die Halsausschnittkante, 4 cm breit.

So wird's gemacht

1 **Seitennähte schließen:** Vorder- und Rückenteil rechts auf rechts legen, sodass die Seitenkanten deckungsgleich aufeinanderliegen. Kanten zusammenstecken, dabei auf das Muster achten. Die Seitennähte bei 1 cm schließen. Nahtzugaben versäubern und ins Rückenteil bügeln.

2 **Saum:** Die untere Shirtkante versäubern und 2 cm nach links umbügeln. Den Saum an der versäuberten Kante knappkantig auf das Oberteil steppen.

3 **Ärmel:** Ärmel an den Längsschnittkanten rechts auf rechts legen und bei 1 cm nähen. Die Nahtzugaben versäubern und nach hinten bügeln.

4 **Ärmelsaum:** Die unteren Ärmelkanten versäubern und 2 cm nach links umbügeln. Den Saum an der versäuberten Kante knappkantig auf den Ärmel steppen.

5 **Ärmel einnähen:** Beim Einsetzen des Ärmels in das Armloch immer darauf achten, dass der rechte Ärmel in das rechte Armloch und der linke Ärmel in das linke Armloch genäht wird! Die Ärmelnaht liegt rechts auf rechts exakt auf der Seitennaht. Die Ärmelkugel kantenbündig in das Armloch stecken und bei 1 cm nähen. Nahtzugaben versäubern, in das Vorder- bzw. Rückenteil bügeln und von rechts füßchenbreit absteppen.

6 **Halsausschnittblende:** Die Blende an den kurzen Kanten rechts auf rechts legen und bei 1 cm zum Ring schließen. Nahtzugaben auseinanderbügeln. Die Blende an den langen Kanten links auf links legen und den Bruch bügeln. Den, im Bruch liegenden Ring, in gedehntem Zustand rundum füßchenbreit ab Schnittkanten zusammensteppen. Die Blende leicht gedehnt, rechts auf rechts mit den Schnittkanten an die Schnittkante des Halsausschnittes stecken. Die Naht der Blende liegt entweder an der linken oder an der rechten Schulternaht deckungsgleich auf. Die Blende bei 1 cm annähen, Schnittkanten versäubern. Die Nahtzugaben in das Oberteil bügeln und von rechts füßchenbreit feststeppen.

ODER MAL SOMMERLICH-FRECH ZU EINER SHORTS?

AUF MODEKURS MIT DER CAPRIHOSE

FÜR DEN SOMMER IST DIE SCHNELL GENÄHTE CAPRIHOSE EIN IDEALES KLEIDUNGSSTÜCK. WARUM NICHT GLEICH ZWEI ODER DREI STÜCK DAVON NÄHEN?

3/4 Hose in Pink

Größen 36 · 38 · 40 · 42 • **Schwierigkeitsgrad** ✂✂

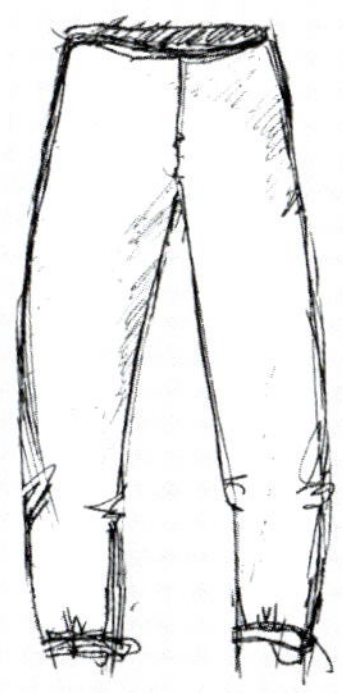

Schnittbogen C in Blau

Material

- Viskose-Jersey in Pink (90 % Viskose, 10 % Elasthan, 140 cm breit), 100 cm
- Streifen-Jersey in Blau/Pink (94 % Viskose, 6 % Elasthan, 140 cm breit) 5 cm
- Gummiband in Schwarz (3 cm breit), 90 cm
- Farblich passendes Nähgarn

MIT TOP UND WESTE FÜR DIE FREIZEIT.

Zuschneiden

Die Schnittteile der gewünschten Größe vom Bogen auf Papier kopieren und ausschneiden.

Bitte beachten: Für die Vorderhose die Teile 1 und 1x, für die Hinterhose die Teile 2 und 2y zusammensetzen.

Schnittbogen C in Blau

Größe: 36 ∘∘∘∘∘∘∘∘∘∘∘∘∘∘∘∘

Größe: 38 - - - - - - - - - - - -

Größe: 40 ×××××××××××

Größe: 42 ———————

Schnittteile gemäß Zuschneideplan auf den **pinkfarbenen Jerseystoff** legen.
Als Nahtzugabe an den unteren Kanten 2 cm, an den restlichen Schnittkanten 1 cm zugeben.

- 1 + 1x Vorderhose
- 2 + 2y Hinterhose

Nachfolgendes Schnittteil aus **Streifen-Jersey** ist mit Nahtzugabe angegeben:

- A Einfass-Streifen für die Schlitze: Länge wie Schlitz, 3 cm breit (4x)

Zuschneideplan

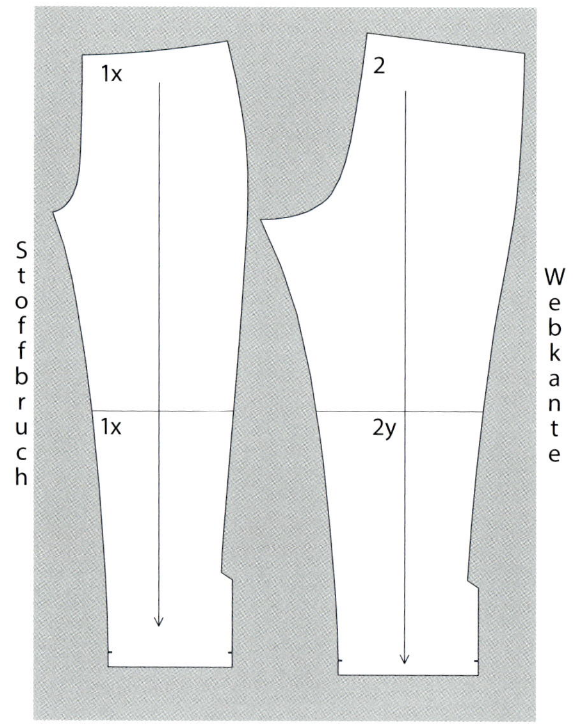

So wird's gemacht

1 **Innere Hosenbeinnaht schließen:** Vorder- und Hinterhose jeweils an den inneren Schnittkanten rechts auf rechts deckungsgleich aufeinanderlegen und die inneren Beinnähte bei 1 cm schließen. Nahtzugaben versäubern und in die Hinterhose bügeln.

2 **Saum:** Die unteren Hosenbeinkanten versäubern und 2 cm nach links umbügeln. Die Säume an der versäuberten Kante knappkantig auf die Hosenbeine steppen.

3 **Schlitzverarbeitung inklusive äußere Beinnaht nähen:** An Vorder- und Hinterhose alle Seitenschnittkanten inklusive Schlitzkanten versäubern. Die Einfass-Streifen jeweils rechts auf rechts auf die Schlitzkanten legen. Nahtzugabe vom Streifen liegt am Hosensaum 1 cm über. Alle Einfass-Streifen füßchenbreit aufnähen. Die Nahtzugabe des Einfass-Streifens am Saum nach links einschlagen und danach den aufgenähten Streifen um die seitliche Nahtzugabe herum falten und feststecken. Von rechts knapp

neben der Naht den Streifen feststeppen. Die überstehende Nahtzugabe des Streifens bis auf 0,3 cm zurückschneiden. 3a
Vorderhose rechts auf rechts auf die Hinterhose legen und bei 1 cm die Seitennähte schließen. Die Naht endet 1 cm unterhalb des Markierungspunktes vom Schlitzanfang. Nahtende fest verriegeln. Die Nahtzugaben von links in die Vorderhose bügeln. Der Schlitz der Vorderhose (Obertritt genannt) wird im Verlauf der Naht nach links gebügelt. Die angeschnittene Schlitzkante der Hinterhose (Untertritt genannt) liegt deckungsgleich darüber. Den Obertritt der Vorderhose mit feststecken und an der äußeren eingefassten Kante aufsteppen. 3b
Von rechts Ober- und Untertritt an der oberen Schlitzkante horizontal feststeppen. 3c

4 **Schrittnaht schließen:** Hosenbeine rechts auf rechts ineinanderstecken – die Schnittkanten der Schrittnaht liegen deckungsgleich, die inneren Hosenbeinnähte treffen exakt aufeinander. Die Schrittnaht bei 1 cm schließen, Nahtzugaben versäubern und in eine Richtung bügeln.

5 **Gummiband für Taillenbund:** Gummiband auf Taillenweite plus 2 cm Nahtzugabe schneiden. Die Gummibandenden 2 cm übereinanderlegen und mit einem Viereck zusammensteppen. Das Gummiband von rechts auf die versäuberte Taillenschnittkante legen. Taillenschnittkante und Gummibandkante liegen ca. 1 cm überlappend aufeinander, die Naht vom Gummiband liegt auf einer Seitennaht. Feststecken und dabei beachten, dass Gummiband und Taillenkante parallel liegen. Gummiband in gedehntem Zustand schmalkantig auf die Hose steppen. Gummiband nach links einschlagen und den Taillenbund so einbügeln, dass vom Gummiband ca. 2–3 mm sichtbar sind. Das Gummiband in vorderer bzw. hinterer Mitte und an den Seitennähten vertikal auf die Hose steppen.

3a

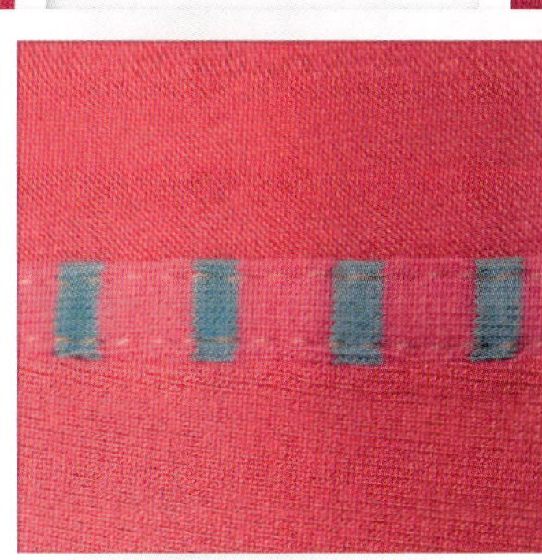

3b

3c

MIT HOODIE LÄSSIG ZUM SPORT.

ALLROUNDER-JACKE

EIN KURZES BLAZERJÄCKCHEN AUS BAUMWOLLSTRICK – EIN MUST-HAVE IN JEDEM KLEIDERSCHRANK. ÜBERALL EINSETZBAR – IN DER FREIZEIT MIT JEANS, IM BÜRO MIT EINEM ROCK UND FÜR DEN ABEND ZUM KLEID.

Reversjacke in Hellblau

Größen 36 · 38 · 40 · 42 • **Schwierigkeitsgrad** ✂✂✂

Schnittbogen A in Schwarz

Material

- Bouclé-Strick in Hellblau (89 % Baumwolle, 11 % Polyester, 140 cm breit), 140 cm
- Baumwoll-Schrägband in Hellblau (40/20 cm breit), 30 cm
- Einlagestreifen in Weiß (1 cm breit), 100 cm
- Knöpfe, cremefarben, 3 Stück
- Farblich passendes Nähgarn

DIESE JACKE PASST ZU JEDEM ANLASS!

Zuschneiden

Die Schnittteile der gewünschten Größe vom Bogen auf Papier kopieren und ausschneiden.

Bitte beachten: Den Vorderteil-Beleg aus dem Vorderteil und den Unterkragen aus dem Oberkragen kopieren.

Schnittbogen A in Schwarz

Größe: 36 ------------

Größe: 38 ‹✶✶✶✶✶✶✶✶✶✶›

Größe: 40 -·-·-·-·-·-·-

Größe: 42 ————————

Schnittteile gemäß Zuschneideplan auf den Stoff legen.
Als Nahtzugabe an der oberen Taschenkante, Saum- und Ärmelsaumkante 3 cm, an den restlichen Schnittkanten 1 cm zugeben.

- 11 Vorderteil
- 11a Vorderteil-Beleg
- 12 Rückenteil
- 7 Ärmel
- 13 Tasche
- 14 Oberkragen
- 14a Unterkragen

Zuschneideplan

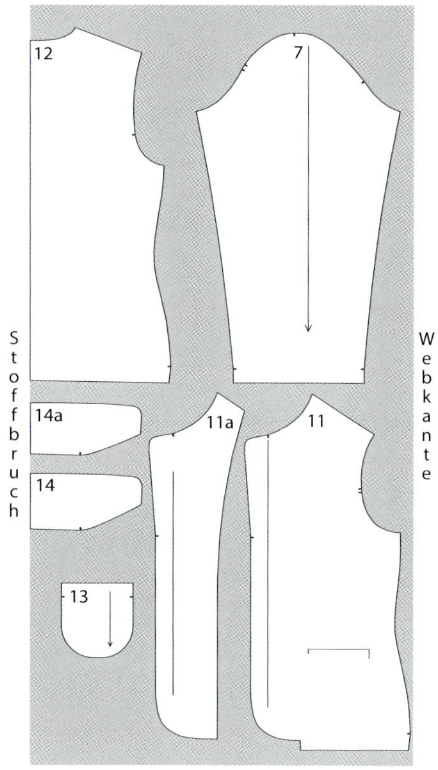

So wird's gemacht

1 **Einlagestreifen auf folgende Strecken bügeln:** Jeweils von links auf die hinteren Schulter, hinteren Halsausschnitt und die vorderen Halsausschnitte bis zur vorderen Kante.

2 **Vorderteil-Beleg an das Vorderteil nähen:** Die Längskanten des Belegs versäubern. Die versäuberte Kante bei 1 cm nach links umbügeln und den Umbruch füßchenbreit feststeppen. Die Belege rechts auf rechts an die vorderen Kanten der Vorderteile legen und feststecken. Ab dem Markierungspunkt vom Reversansatz den Beleg mit dem Vorderteil bei 1 cm zusammennähen. Den Beleg nach links schlagen und die verstürzte Strecke in den Nahtbruch bügeln.
Den Beleg – vom Saum beginnend – bis ca. Brustpunkt auf dem Vorderteil feststecken.
TIPP: Beide Vorderteile zur Kontrolle links auf links deckungsgleich aufeinanderlegen. Beide Belege sollten an der Kante den gleichen Linienverlauf haben und die Revers-Ecken die gleiche Länge aufweisen.

3 **Schulter- und Seitennähte schließen:** Vorderteile rechts auf rechts auf das Rückenteil legen, sodass die Schulter- und Seitenschnittkanten deckungsgleich aufeinanderliegen. Die Strecken feststecken und bei 1 cm nähen. Nahtzugaben versäubern und in das Rückenteil bügeln.

4 **Saum:** Die Saumschnittkante versäubern und 3 cm nach links umbügeln. Den Saum an der äußeren versäuberten Kante knappkantig auf das Oberteil steppen.

5 **Kragen an die Halsausschnittkante nähen:** Den Ober- und den Unterkragen rechts auf rechts legen und die äußeren Kragenkanten bei 1 cm zusammennähen. Kragen auf die rechte Seite wenden und die äußere Kragenkante in den Nahtbruch bügeln. Die unteren Kragenkanten exakt aufeinanderlegen und offenkantig zusammennähen. Jeweils die hinteren Mitten im Kragen und im Rückenteil mit einer Stecknadel markieren. Den Kragen am gesamten Halsausschnitt bis zum Reversanfang feststecken und bei 1 cm annähen.

Nun den Vorderteil-Beleg rechts auf rechts an die vordere Halsausschnittkante stecken und von links auf der sichtbaren Naht festnähen. Dabei die Schulterschnittkante des Belegs 1 cm nach links einschlagen, sodass sie genau auf der Schulternaht des Oberteils liegt.

6 **Halsausschnitt versäubern:** Das Baumwoll-Schrägband rechts auf rechts an die hintere Halsausschnittkante legen. Am Anfang und Ende (Schulterpunkt) des hinteren Halsausschnittes liegt die Nahtzugabe vom Band je 1 cm über der Schulternaht. Die Naht in der Bruchkante des Schrägbandes nähen. Das Schrägband danach um die Nahtzugabe herum nach innen legen und von rechts im Nahtschatten das Band feststeppen. Die eingefasste Nahtzugabe in das Oberteil bügeln und das Schrägband knapp an der Bruchkante auf das Rückenteil steppen.

7 **Beleg aufsteppen:** Den restlichen Beleg von links auf dem Oberteil feststecken und an der äußeren Kante auf das Oberteil steppen.

8 **Knopflöcher und Knöpfe:** Die Position der Knopflöcher auf dem rechten Vorderteil markieren und die Knopflöcher nähen. Auf dem linken Vorderteil die Position der Knöpfe markieren und die Knöpfe annähen.
TIPP: Wenn in der Nähmaschine kein automatisches Knopflochprogramm vorhanden ist, kann ein Knopfloch auch mit Raupen aus dichten Zickzackstichen genäht werden.

9 **Taschen:** Die obere Taschenkante (= Tascheneingriff) versäubern und 3 cm nach links umbügeln. Den Umbruch von links entlang der äußeren versäuberten Kante knappkantig feststeppen.
Für die Tasche eine Schablone aus Pappe (ohne Nahtzugabe) anfertigen. Die Taschen mit der rechten Seite auf das Bügelbrett legen, die Schablone so darauflegen, dass die Nahtzugabe sichtbar ist. Die Nahtzugaben um die Schablonenkante herum auf die Schablone falten und bügeln. Taschen links auf rechts an die Markierungspunkte im Vorderteil legen, feststecken und knappkantig auf das Vorderteil steppen.

10 **Ärmel:** Die Ärmel an den Längsschnittkanten rechts auf rechts deckungsgleich aufeinanderlegen und die Nähte bei 1 cm schließen. Nahtzugaben versäubern und nach hinten bügeln. Ärmelsaumkanten versäubern und 3 cm nach links umbügeln. Den Saum an der versäuberten Kante knappkantig auf den Ärmel steppen.

11 **Ärmel einnähen:** Beim Einsetzen des Ärmels in das Armloch immer darauf achten, dass der rechte Ärmel in das rechte Armloch und der linke Ärmel in das linke Armloch genäht wird! Die Ärmelnaht liegt rechts auf rechts exakt auf der Seitennaht. Die Ärmelkugel kantenbündig in das Armloch stecken und bei 1 cm festnähen. Nahtzugaben versäubern.

BLAU IST „IN“

EINE JACKE, DIE DURCH IHREN TOLLEN SCHNITT JEDER FIGUR SCHMEICHELT. SIE IST NICHT NUR SUPERBEQUEM, SONDERN AUCH EIN ABSOLUTER HINGUCKER. TOP-MODISCH DANK DER OFFENEN SCHNITTKANTENVERARBEITUNG.

Reversjacke mit Schößchen

Größen 36 · 38 · 40 · 42
Schwierigkeitsgrad ✂✂✂

Schnittbogen B in Schwarz

Material

- Sweat-Jersey in Dunkelblau (100 % Baumwolle, 200 cm breit), 140 cm
- Baumwoll-Schrägband in Orange (40/20 cm breit), 30 cm
- Einlagestreifen in Weiß (1 cm breit), 100 cm
- Druckknöpfe, 3 Stück
- Farblich passendes Nähgarn
- Kontrastierendes Nähgarn (z. B. orange)

Zuschneiden

Die Schnittteile der gewünschten Größe vom Bogen auf Papier kopieren und ausschneiden.

Bitte beachten: Den Vorderteil-Beleg aus dem Vorderteil und den Unterkragen aus dem Oberkragen kopieren.

Schnittbogen B in Schwarz
Größe: 36
Größe: 38
Größe: 40
Größe: 42

Schnittteile gemäß Zuschneideplan auf den Stoff legen. Als Nahtzugabe an der Ärmelsaumkante 2 cm, an den restlichen Schnittkanten 1 cm zugeben.

- 11 Vorderteil
- 11a Vorderteil-Beleg
- 12 Rückenteil
- 13 Ärmel
- 14 Oberkragen
- 14a Unterkragen

Zuschneideplan

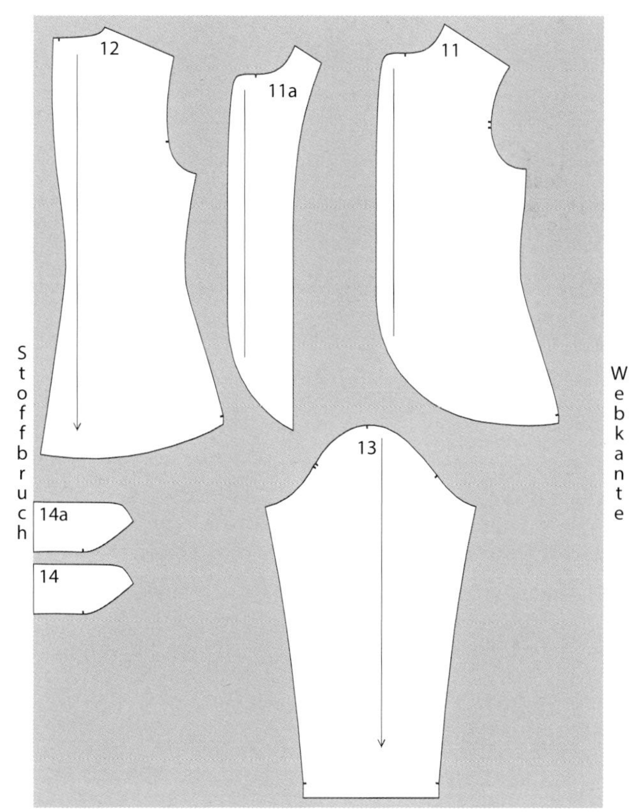

So wird's gemacht

1 Einlagestreifen auf folgende Strecken bügeln: Jeweils von links auf hinteren Halsausschnitt und die vorderen Halsausschnitte bis zur vorderen Kante.

2 Vorderteil-Beleg an das Vorderteil nähen: Die Längskanten des Belegs versäubern. Die versäuberte Kante 1 cm nach links umbügeln und ab Bruchkante füßchenbreit feststeppen. Die Belege rechts auf rechts an die vorderen Kanten der Vorderteile legen und feststecken. Ab dem Markierungspunkt vom Reversansatz den Beleg mit dem Vorderteil bei 1 cm zusammennähen. Beleg nach links schlagen und die verstürzte Strecke in den Nahtbruch bügeln. Den Beleg – vom Saum beginnend – bis ca. Brustpunkt auf dem Vorderteil feststecken.

TIPP: Beide Vorderteile zur Kontrolle links auf links deckungsgleich aufeinanderlegen. Beide Belege sollten an der Kante den gleichen Linienverlauf haben und die Revers-Ecken die gleiche Länge aufweisen.

3 Hintere Mitte schließen: Die Rückenteile an den Schnittkanten der hinteren Mitte links auf links deckungsgleich aufeinanderlegen und bei 1 cm nähen. Die Nahtzugaben auseinanderbügeln und von rechts beidseitig der Naht in Kontrastfarbe füßchenbreit auf das Rückenteil steppen. 3

4 Schulter- und Seitennähte schließen: Vorderteile links auf links auf das Rückenteil legen, sodass die Schulter- und Seitenschnittkanten deckungsgleich aufeinanderliegen. Die Schulterkante des Belegs ist nach unten geklappt. Die Strecken feststecken und bei 1 cm nähen. Die Nahtzugaben auseinanderbügeln und von rechts beidseitig der Naht in Kontrastfarbe füßchenbreit auf das Oberteil steppen.

5 Saum: Die Saumschnittkante versäubern und 1 cm nach links umbügeln. Den Saum an der versäuberten Kante auf das Oberteil steppen.

6 Kragen an die Halsausschnittkante nähen: Ober- und Unterkragen rechts auf rechts legen und die äußeren Kragenkanten bei 1 cm zusammennähen. Kragen auf die rechte Seite wenden und die äußere Kragenkante in den Nahtbruch bügeln. Äußere Kragenkante füßchenbreit absteppen. Die unteren Kragenkanten exakt aufeinanderlegen und offenkantig zusammennähen. Jeweils die hinteren Mitten im Kragen und im Rückenteil mit einer Stecknadel markieren. Den Kragen am gesamten Halsausschnitt bis zum Reversanfang feststecken und bei 1 cm annähen. Nun den Vorderteil-Beleg rechts auf rechts an die vordere Halsausschnittkante stecken und von links auf der sichtbaren Naht festnähen. Dabei die Schulterschnittkante des Belegs 1 cm nach links einschlagen, sodass sie genau auf der Schulternaht des Oberteils liegt.

3

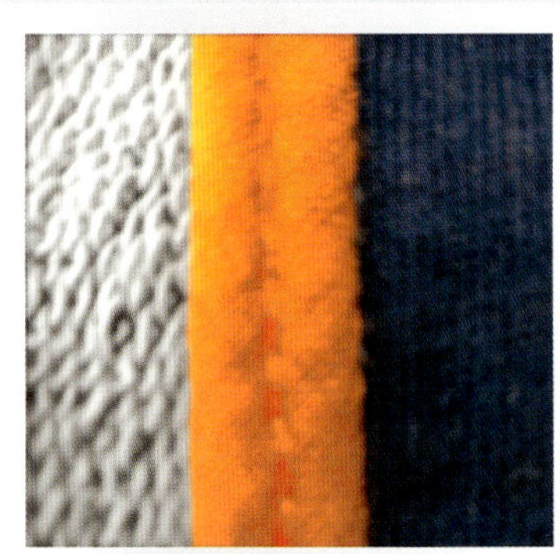

7

7 **Halsausschnitt versäubern:** Das Baumwoll-Schrägband rechts auf rechts an die hintere Halsausschnittkante legen. Am Anfang und Ende (Schulterpunkt) des hinteren Halsausschnittes liegt die Nahtzugabe vom Band je 1 cm über der Schulternaht. Die Naht in der Bruchkante des Schrägbandes nähen. Das Schrägband danach um die Nahtzugabe herum nach innen legen und von rechts im Nahtschatten das Band feststeppen. Die eingefasste Nahtzugabe in das Oberteil bügeln und das Schrägband knapp an der Bruchkante auf das Rückenteil steppen. 7

8 **Beleg aufsteppen:** Den restlichen Beleg von links auf dem Oberteil feststecken und an der äußeren Kante auf das Oberteil steppen. 8a
Vordere Kanten ab Reversanfang bis Belegende in Kontrastfarbe füßchenbreit absteppen. 8b

9 **Druckknöpfe:** Die Position der Druckknöpfe markieren und diese laut Packungsbeilage einsetzen.

10 **Ärmel:** Die Ärmel an den Längsschnittkanten links auf links deckungsgleich aufeinanderlegen und die Nähte bei 1 cm schließen. Die Nahtzugaben auseinanderbügeln und von rechts beidseitig der Naht in Kontrastfarbe füßchenbreit auf das Rückenteil steppen. Ärmelsaumkanten versäubern und 1 cm nach links umbügeln. Den Saum entlang der versäuberten Kante auf den Ärmel steppen.

11 **Ärmel einnähen:** Beim Einsetzen des Ärmels in das Armloch immer darauf achten, dass der rechte Ärmel in das rechte Armloch und der linke Ärmel in das linke Armloch genäht wird! Die Ärmelnaht liegt rechts auf rechts exakt auf der Seitennaht. 11
Die Ärmelkugel kantenbündig in das Armloch stecken und bei 1 cm festnähen. Nahtzugaben versäubern.

8a

8b

11

ALLES SUPER BEI DIESEM ROCK!

SUPER BEQUEM BEIM TRAGEN!
SUPER SIMPEL ZU NÄHEN!
SUPER VIELFÄLTIG EINSETZBAR!
DEIN IDEALER ROCK UND WEGBEGLEITER.

Grauer Bleistiftrock

Größen 36 · 38 · 40 · 42 • **Schwierigkeitsgrad** ✂

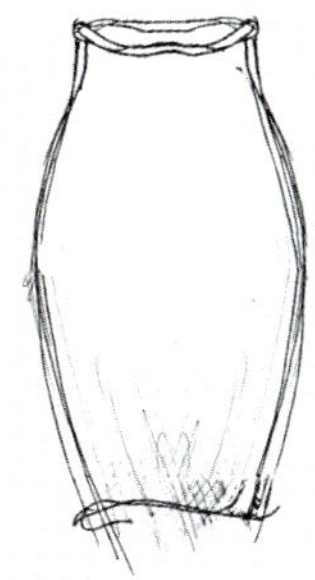

Schnittbogen C in Rot

Material

- Jersey gerauht in Grau (56 % Micro-Modal, 40 % Baumwolle, 4 % Elasthan, 170 cm breit), 60 cm
- Gummiband in Schwarz (4 cm breit), 90 cm
- Farblich passendes Nähgarn

ZEIGE MIT DIESER SCHMALEN SILHOUETTE DEINE FEMININE SEITE.

Zuschneideplan

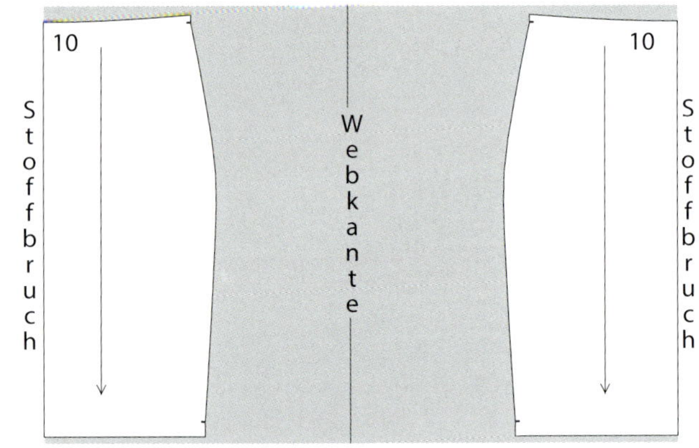

Zuschneiden

Die Schnittteile der gewünschten Größe vom Bogen auf Papier kopieren und ausschneiden.

Schnittbogen C in Rot

Größe: 36

Größe: 38

Größe: 40

Größe: 42

Schnittteile gemäß Zuschneideplan auf den Stoff legen. Als Nahtzugabe an der unteren Kante 2 cm, an den restlichen Schnittkanten 1 cm zugeben.

- 10 Vorder- und Hinterrock

3a

So wird's gemacht

1 Seitennähte schließen: Vorder- und Hinterrock rechts auf rechts aufeinanderlegen und die Seitennähte bei 1 cm nähen. Nahtzugaben versäubern und in den Hinterrock bügeln. Taillenschnittkante versäubern.

2 Saum: Die untere Rockkante versäubern und 2 cm nach links umbügeln. Den Saum feststecken und an der versäuberten Kante auf den Rock steppen.

3 Gummiband für Taillenbund: Gummiband auf Taillenweite plus 2 cm Nahtzugabe schneiden. Die Gummibandenden 2 cm übereinanderlegen und mit einem Viereck zusammensteppen. 3a

Das Gummiband von rechts auf die versäuberte Taillenschnittkante legen. Taillenschnittkante und Gummibandkante liegen ca. 1 cm überlappend aufeinander. Naht vom Gummiband liegt auf einer Seitennaht. Feststecken und dabei beachten, dass Gummiband und Taillenkante parallel liegen. Gummiband in gedehntem Zustand schmalkantig auf den Rock steppen. 3b
Gummiband nach links einschlagen und den Taillenbund so einbügeln, dass vom Gummiband ca. 2–3 mm sichtbar sind. 3c
Das Gummiband in vorderer bzw. hinterer Mitte und an den Seitennähten vertikal auf den Rock steppen. 3d

3b

3c

3d

LÄSSIG UMRINGELT!

EIN STREIFENSHIRT FÜR EINE GANZ BESONDERE KOMBI! LÄSSIG GESTYLT MIT DEM TÜLLROCK VON SEITE 56.

Streifenshirt

Größen 34/36 · 38/40 · 42/44 • **Schwierigkeitsgrad** ✂

Schnittbogen B in Rot

Material

- Ringel-Jersey in Schwarz/Weiß (96 % Viskose, 4 % Elasthan, 150 cm breit), 70 cm
- Jersey in Schwarz (94 % Viskose, 6 % Elasthan, 150 cm breit), 5 cm
- Farblich passendes Nähgarn

**MIT EINER WEIßEN JEANS
WUNDERSCHÖN FÜR JEDEN TAG!**

Zuschneiden

Die Schnittteile der gewünschten Größe vom Bogen auf Papier kopieren und ausschneiden.

Bitte beachten: Das Vorderteil aus dem Rückenteil kopieren.

Schnittbogen B in Rot
Größe: 34/36
Größe: 38/40
Größe: 42/44

Schnittteile gemäß Zuschneideplan auf den **gestreiften Jerseystoff** legen, dabei beachten, dass das Streifenmuster bei Vorder- und Rückenteil auf gleicher Höhe liegt.
Als Nahtzugabe an den unteren Kanten 1,5 cm, an den restlichen Schnittkanten 1 cm zugeben.

- 5 Rückenteil
- 5a Vorderteil

Nachfolgendes Schnittteil aus **schwarzem Jersey** ist mit Nahtzugabe angegeben:

- A Halsausschnittblende: 6 cm kürzer als die Halsausschnittkante, 3,5 cm breit.

Zuschneideplan

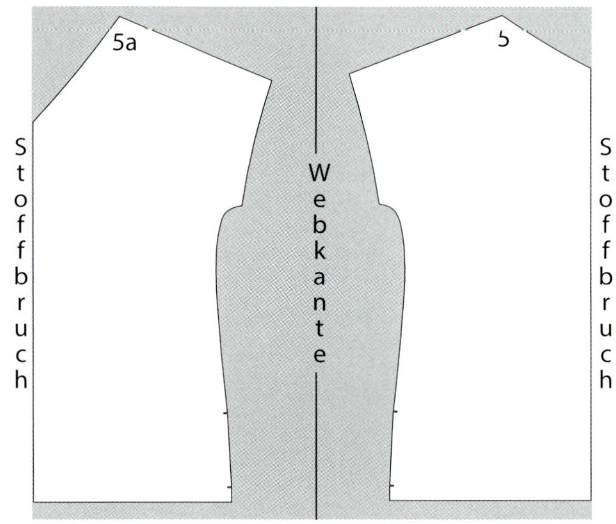

So wird's gemacht

1 Vorder- und Rückenteil: Vorder- und Rückenteil rechts auf rechts legen und bei 1 cm die Schulternähte schließen. Die Nahtzugaben versäubern und in das Rückenteil bügeln. Die Schulternähte von rechts knappkantig absteppen.

2 Halsausschnittblende: Die Blende an den kurzen Kanten rechts auf rechts legen und bei 1 cm zum Ring schließen. Nahtzugaben auseinanderbügeln. Die Blende an den langen Kanten links auf links legen und den Bruch bügeln. Den, im Bruch liegenden Ring, in gedehntem Zustand rundum füßchenbreit ab Schnittkanten zusammensteppen. Die Blende leicht gedehnt, rechts auf rechts mit der Schnittkante an die Schnittkante des Halsausschnittes stecken. Die Naht der Blende liegt entweder an der linken oder an der rechten Schulternaht deckungsgleich auf. Die Blende bei 1 cm annähen, Schnittkanten versäubern. 2a
Die Nahtzugaben in das Oberteil bügeln und von rechts knappkantig feststeppen. 2b

3 Ärmelsaum: Die Ärmelkanten versäubern und 1 cm nach links umbügeln. Den Saum an der versäuberten Kante knappkantig auf den Ärmel steppen.

4 Saum: Die untere Shirtkante versäubern und 1,5 cm nach links umbügeln – genau im Streifenverlauf. Den Saum an der versäuberten Kante knappkantig auf das Oberteil steppen.

5 Seitennähte schließen: Die Seitenschnittkanten von Vorder- und Rückenteil versäubern. Vorder- und Rückenteil rechts auf rechts legen, sodass die versäuberten Seitenschnittkanten deckungsgleich aufeinanderliegen und die Strecken feststecken. Dabei beachten, dass die Streifen exakt aufeinandertreffen. Seitennähte jeweils bis zum Markierungspunkt der Schlitze schließen. Nahtende gut verriegeln. Die Nahtzugaben auseinanderbügeln. Damit die auseinandergebügelte Nahtzugabe am Armloch gut hält, die Nahtzugabe auf der Seitennaht mit einem quer liegenden Riegel sichern.

6 Schlitz: Die Saumschlitzkanten 1 cm nach links umbügeln und knappkantig feststeppen.

SO BIST DU PERFEKT FÜR EINE PARTY ANGEZOGEN.

2b

2a

ALLROUND-TALENT

EIN ECHTES ALLROUND-TALENT IN SACHEN STYLING! LÄSSIG KOMBINIERT MIT EINEM STREIFENSHIRT ÜBER EINER LEGGINS – UND DU BIST PERFEKT ANGEZOGEN.

Tüllrock

Größen 34/36 · 38/40 · 42/44 • Schwierigkeitsgrad ✂✂

Schnittbogen C in Rot

Material

- Pünktchen-Tüll in Schwarz (79 % Polyamid, 21 % Polyvinylchlorid, 140 cm breit), 100 cm
- Ringel-Jersey in Schwarz/Weiß (96 % Viskose, 4 % Elasthan, 150 cm breit), 100 cm
- Jersey in Schwarz (94 % Viskose, 6 % Elasthan, 150 cm breit), 30 cm
- Farblich passendes Nähgarn

GANZ RAFFINIERT: ZIEH DEN ROCK ALS OBERTEIL ZU JEANS UND HIGH HEELS AN UND DU TOPPST ALLE!

Zuschneiden

Die Schnittteile der gewünschten Größe vom Bogen auf Papier kopieren und ausschneiden.

Bitte beachten: Die Rockbahn aus der Futter-Rockbahn kopieren.

Schnittbogen C in Rot
Größe: 34/36
Größe: 38/40
Größe: 42/44

Schnittteile gemäß Zuschneideplänen auf die entsprechenden Stoffe legen.
Als Nahtzugabe an der unteren Rockkante sowie der Futterrockkante 1,5 cm, an allen restlichen Schnittkanten 1 cm zugeben.

- 11 Futter-Rockbahn
- 11a Rockbahn
- 12 Taillenbund

Zuschneideplan

Pünktchen-Tüll

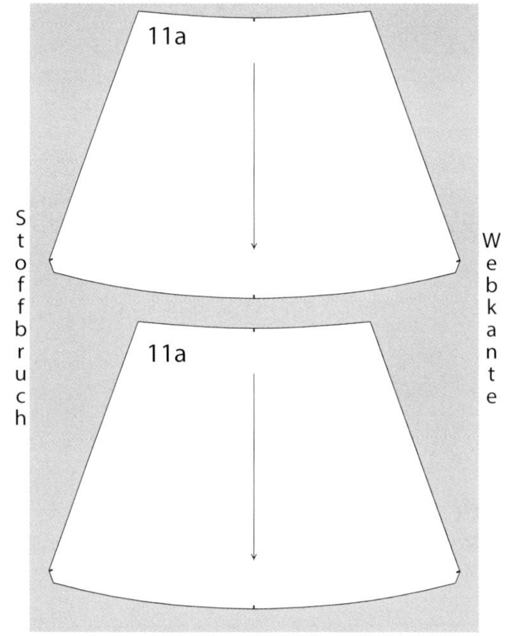

Jersey in Schwarz

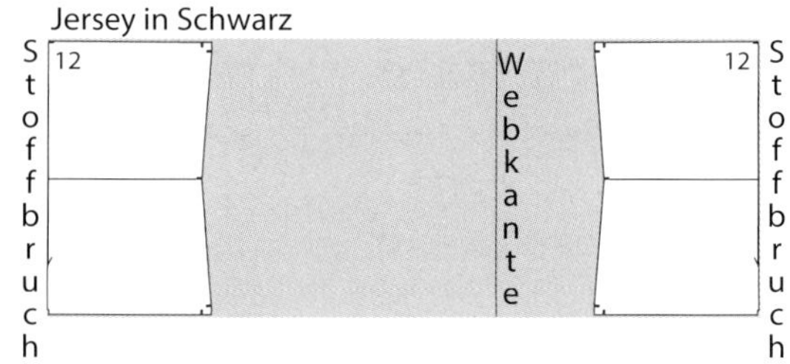

Ringel-Jersey

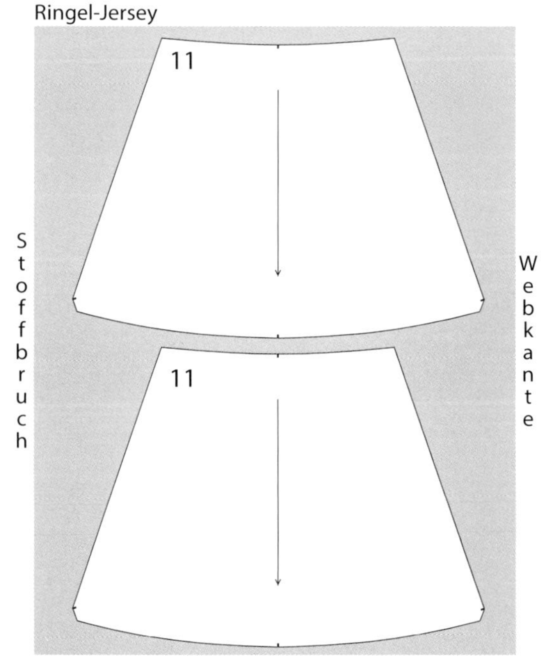

So wird's gemacht

1 **Röcke nähen:** Die 4 Rockbahnen Pünktchen-Tüll nacheinander jeweils an einer Seitenkante rechts auf rechts deckungsgleich aufeinanderlegen und bei 1 cm zusammennähen. Mit der letzten Naht den Rock rund schließen. Die 4 Rockbahnen Ringel-Jersey genauso nähen, dabei darauf achten, dass die Streifen aufeinanderpassen! Alle Nahtzugaben versäubern und in eine Richtung bügeln.

2 **Säume:** Jeweils den unteren Rockrand versäubern und 1,5 cm nach links umbügeln. Den Saum an der versäuberten Kante knappkantig feststeppen.

3 **Futter und Rock verbinden:** Tüll-Rock links auf rechts über den Jersey-Rock ziehen und die oberen Kanten zusammenstecken – die Längsnähte beider Röcke sollten deckungsgleich aufeinanderliegen. Bei 1 cm die oberen Kanten zusammennähen.

4 **Rock ankräuseln:** An der oberen Rockkante zwei Nähte nähen. Die erste Naht fußbreit von der Schnittkante und die zweite Naht fußbreit unterhalb der ersten. Für beide Nähte eine etwas größere Stichlänge wählen und am Nahtanfang sowie am Nahtende die Fäden hängen lassen. Am Nahtanfang beide Nähfäden miteinander verknoten. Am Nahtende beide Unterfäden gleichmäßig auf Hüftweite anziehen. Diese Nähfäden ebenfalls verknoten. Die Kräuselung gleichmäßig auf die gesamte Strecke verteilen.

5 **Taillenbund:** Den vorderen und hinteren Taillenbund rechts auf rechts legen und bei 1 cm die Seiten zusammennähen. Die Nahtzugaben auseinanderbügeln. Den entstandenen Ring an den Schnittkanten links auf links zur Hälfte legen, sodass die obere Bundkante im Bruch liegt. Die doppelt liegenden Schnittkanten rundum, stark gedehnt, fußbreit zusammennähen.

6 **Bund und Rock zusammennähen:** Den Bund rechts auf rechts an die gekräuselte Rockkante stecken – Seitennähte von Bund und Rock treffen aufeinander. Den Bund in stark gedehntem Zustand an den Rock nähen. Die Nahtzugaben, ebenfalls in stark gedehntem Zustand, versäubern. Die Kräuselfäden entfernen und die Nahtzugaben in den Bund bügeln.

EYE-CATCHER!

DU WILLST FEIERN GEHEN? DANN MUSST DU DIR UNBEDINGT DIESEN ROCK NÄHEN. IN SPITZE GEHÜLLT BIST DU BESTENS FÜR SCHICKE ANLÄSSE GEKLEIDET.

Jerseyrock mit Spitzen-Einsätzen

Größen 34/36 · 38/40 · 42/44

Schwierigkeitsgrad ✂✂✂

Schnittbogen A in Rot

Material

- Viskose-Jersey in Schwarz (96 % Viskose, 4 % Elasthan, 150 cm breit), 70 cm
- Spitzen-Jersey in Schwarz (32 % Viskose, 58 % Polyamid, 10 % Elasthan, 150 cm breit), 30 cm
- Wirkfutter in Schwarz (100 % Polyamid, 140 cm breit), 80 – 100 – 110 cm
- Gummiband in Schwarz (4 cm breit), 90 cm
- Farblich passendes Nähgarn

Zuschneiden

Die Schnittteile der gewünschten Größe vom Bogen auf Papier kopieren und ausschneiden.

Bitte beachten: Die Rockbahn aus der Futter-Rockbahn kopieren.

Schnittbogen A in Rot
Größe: 34/36
Größe: 38/40
Größe: 42/44

Schnittteile gemäß Zuschneideplänen auf die entsprechenden Stoffe legen.
Als Nahtzugabe an der unteren Futterkante 2 cm, an allen restlichen Schnittkanten 1 cm zugeben.

- 9 Futter-Rockbahn
- 9a Rockbahn
- 10 Taillenbund

Nachfolgendes Schnittteil ist mit Nahtzugabe angegeben:
- A Einsatz: Länge wie gesamte Rocksaumkante, 11 cm breit

Zuschneideplan

Viskose-Jersey in Schwarz

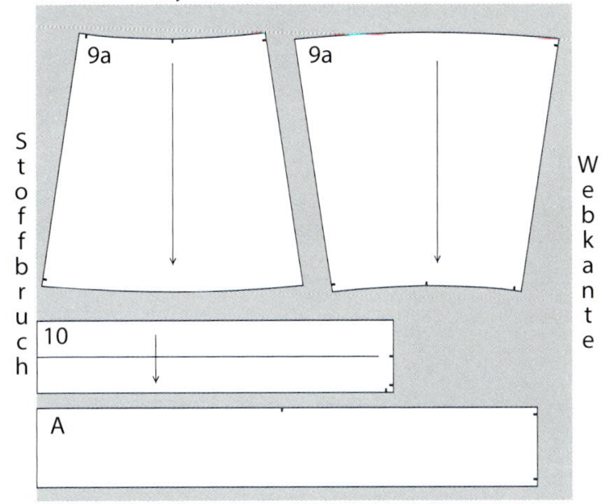

Spitzen-Jersey in Schwarz

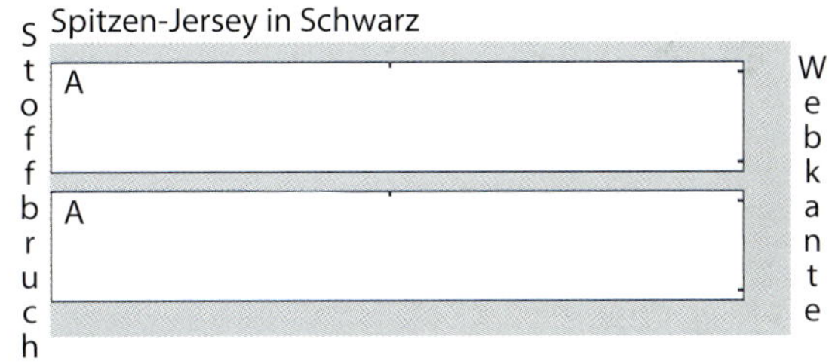

Wirkfutter

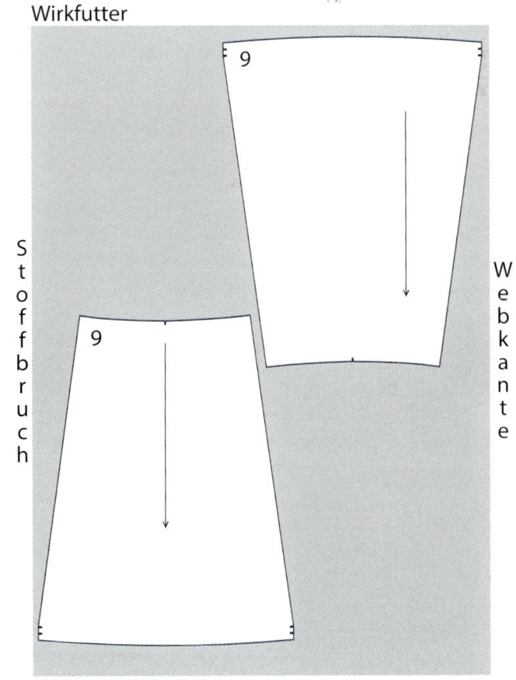

So wird's gemacht

1 Rock nähen: Die 4 Rockbahnen nacheinander jeweils an einer Seitenkante rechts auf rechts deckungsgleich aufeinanderlegen und bei 1 cm zusammennähen. Mit der letzten Naht den Rock rund schließen. Alle Nahtzugaben versäubern und in eine Richtung bügeln.

2 Jersey- und Spitzeneinsätze: Die Streifen aus Jersey und Spitzen-Jersey jeweils an den kurzen Kanten rechts auf rechts aufeinanderlegen und bei 1 cm zu Ringen zusammennähen. Nahtzugaben versäubern und in eine Richtung bügeln.

3 Jersey- und Spitzeneinsätze annähen: Einen Spitzen-Ring rechts auf rechts auf die untere Rockkante legen, die Naht des Spitzen-Rings liegt deckungsgleich auf einer Rocknaht (= Seitennaht). 3a

Feststecken und bei 1 cm Spitze und Rock zusammennähen. Nahtzugaben versäubern und in das Jerseyteil bügeln. Von rechts die Nahtzugabe knapp und füßchenbreit auf dem Jerseyteil absteppen. 3b

Nach gleichem Prinzip den Jersey-Ring an den Spitzen-Ring, dann den zweiten Spitzen-Ring an den Jersey-Ring nähen.

4 Rocksaum: Den unteren Rockrand (= offene Kante des zweiten Spitzen-Rings) versäubern und 1 cm nach links umbügeln. Den Saum an der versäuberten Kante knappkantig feststeppen.

5 Futterrock nähen: Die 4 Futterrockbahnen zusammennähen, siehe Punkt 1.

6 Futtersaum: Den unteren Futterrand versäubern und 2 cm nach links einbügeln. Saum an der versäuberten Kante von links knappkantig feststeppen.

3a

3b

7 **Futter und Rock verbinden:** Rock und Futterrock an den oberen Kanten links auf links aufeinanderlegen, sodass alle Längsnähte von Rock und Futterrock deckungsgleich aufeinanderliegen. Feststecken und bei 1 cm zusammennähen.

8 **Taillenbund vorbereiten:** Eine Pappschablone in Bundgröße (= doppelte Breite des Bundschnittteils, ohne Nahtzugabe) anfertigen. Den Taillenbund auf das Bügelbrett (rechts unten) legen und die Pappschablone mittig darauf legen (Nahtzugaben vom Bund sind sichtbar!). Die Nahtzugaben um die Schablone herum auf die Schablone bügeln. Schablone entfernen, Nahtzugaben auffalten. Den Taillenbund an den kurzen Kanten rechts auf rechts legen und bei 1 cm zusammennähen. Nahtzugaben auseinanderbügeln. Anschließend an der Naht die Nahtzugaben der langen Kanten wieder einlegen und bügeln.

9 **Taillenbund annähen:** Eine lange Bundkante – Nahtzugabe ist aufgeklappt – rechts auf links auf die Taillenkante des Rocks legen – die Bundnaht liegt an einer Rocknaht – und die gesamte Strecke feststecken. Bei 1 cm nähen, Nahtzugaben in den Bund bügeln. Den Bund zur Hälfte auf die rechte Seite schlagen und die zweite lange Bundkante mit eingeschlagener Nahtzugabe deckungsgleich auf die sichtbare Bundnaht stecken. An der Bruchkante der Nahtzugabe den Bund knappkantig aufsteppen, dabei eine etwa 4 cm lange Öffnung für das Gummiband lassen. 9 Gummiband auf Taillenweite plus 2 cm schneiden und mit Hilfe einer Sicherheitsnadel in den Taillenbund einziehen. Gummibandenden 2 cm übereinanderlegen und mit einem Viereck zusammensteppen. Die Stoffweite gleichmäßig verteilen. Die Öffnung schließen. Den Bund vertikal, jeweils in Verlängerung der vier Rocknähte durchsteppen.

9

HIP ...
HIPPER ...
AM HIPPSTEN!

EIN HOODIEKLEID – DAS SOLLTE MAN HABEN. DIE SCHÖNEN DETAILS AN DIESEM HOODIEKLEID WERDEN DURCH DIE KONTRASTIERENDEN STEPPNÄHTE BESONDERS HERVORGEHOBEN.

Kapuzenkleid in Dunkelblau

Größen 36 · 38 · 40 · 42 • **Schwierigkeitsgrad** ✂✂✂

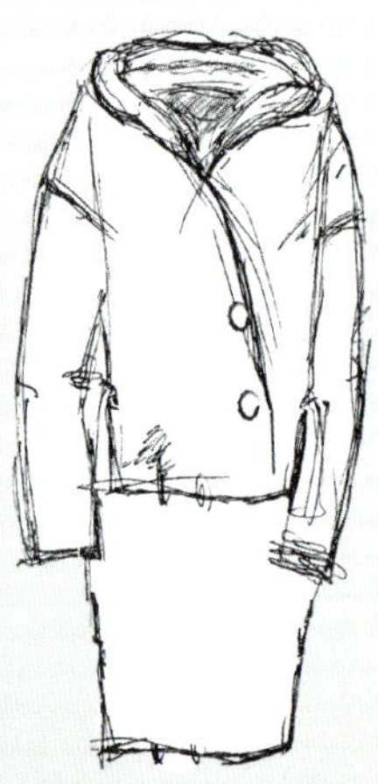

Schnittbogen C in Schwarz

Zuschneiden

Material

- Sweat-Jersey in Dunkelblau (100 % Baumwolle, 200 cm breit), 150 cm
- Baumwoll-Streifen in Blau/Weiß (100 % Baumwolle, 140 cm breit), 100 cm
- Baumwoll-Schrägband in Dunkelblau (40/20 cm breit), 70 cm
- Druckknöpfe, silberfarben, 2 Stück
- Kontrastierendes Nähgarn (z. B. weiß)

Die Schnittteile der gewünschten Größe vom Bogen auf Papier kopieren und ausschneiden.

Bitte beachten: Das Vorderteil mit Kapuze aus den Teilen 7 und 7z zusammensetzen. Den Vorderteil-Beleg aus dem Vorderteil kopieren.

Schnittbogen C in Schwarz

Größe: 36

Größe: 38

Größe: 40

Größe: 42

Schnittteile gemäß Zuschneideplänen auf die entsprechenden Stoffe legen.

Als Nahtzugabe an der unteren Rockkante 3 cm, an den unteren Ärmelkanten 6 cm, an den restlichen Schnittkanten 1 cm zugeben.

- 7 + 7z Vorderteil mit Kapuze
- 7a Vorderteil-Beleg mit Kapuze
- 8 Rückenteil
- 9 Ärmel
- 4 Vorder- und Hinterrock
- 14 Taschenbeutel

Zuschneideplan

Sweat-Jersey in Dunkelblau

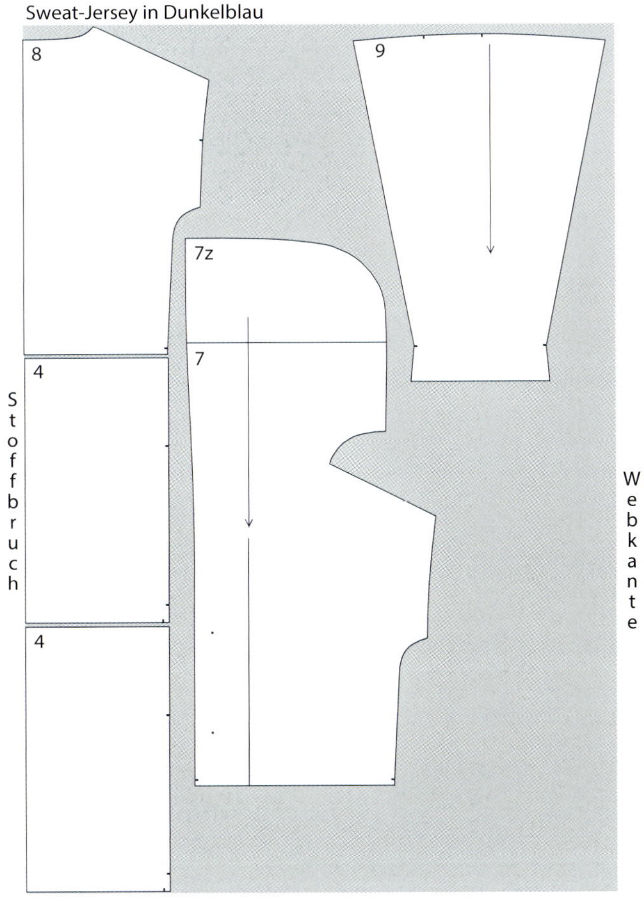

Baumwollstreifen in Blau/Weiß

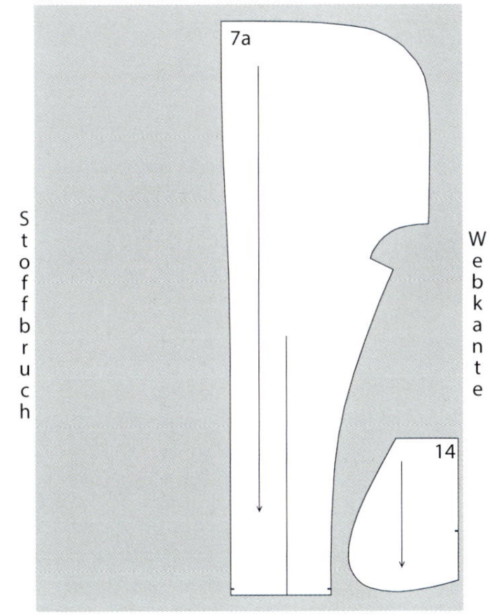

So wird's gemacht

1 **Vorderteil mit Kapuze und Vorderteil-Beleg mit Kapuze nähen:** Die Vorderteil-Belege mit Kapuze rechts auf rechts legen, sodass die Schnittkanten und das Streifenmuster deckungsgleich aufeinanderliegen. Die Kapuzennaht nähen – Halsrand noch offen lassen. Die Nahtzugabe in eine Richtung bügeln und von rechts knapp und füßchenbreit absteppen. An den Belegen die innere Längsschnittkante versäubern, die Nahtzugabe nach links umbügeln und ab Bruchkante füßchenbreit absteppen. 1
In gleicher Weise die Vorderteile mit Kapuze zusammennähen und die Naht und absteppen.

2 **Kapuzenkante und vordere Kante verstürzen:** Den Beleg und das Vorderteil an den vorderen Kanten und fortlaufend den Kapuzenkanten rechts auf rechts deckungsgleich aufeinanderlegen – die Kapuzenmittelnähte treffen exakt aufeinander. Die gesamte Strecke feststecken und bei 1 cm nähen. Kante in den Nahtbruch bügeln.

TIPP: Bei einer verstürzten Naht, die in den Nahtbruch gebügelt werden soll, empfiehlt es sich, die Nahtzugaben zuerst auseinanderzubügeln und danach in den Nahtbruch.
Die vordere Kante, inklusive Kapuzenkante, bei 1 cm absteppen. 2

3 **Beleg auf Vorderteil steppen:** Den Beleg von links auf dem Vorderteil feststecken und genau in der sichtbaren Naht der gesäumten inneren Belegkante auf das Vorderteil steppen, zusätzlich nochmals fußbreit daneben absteppen Die aufeinanderliegenden Schnittkanten von Außenstoff und Beleg an Schulter, hinterem Halsausschnitt und Belegende zusammennähen. Das rechte Vorderteil links auf rechts auf das linke Vorderteil legen, sodass die vorderen Mitten beider Teile aufeinanderliegen. An der unteren Schnittkante des Oberteils die übereinanderliegenden Strecken füßchenbreit zusammennähen. Von Hand die Druckknöpfe laut Schnittmarkierungen annähen. 3

4 **Schulter und hintere Halsausschnittkante nähen:** Vorder- und Rückenteil an den Schulterkanten rechts auf rechts legen. Achtung: die hintere Schulternaht (liegt unten) ist beim Auflegen 2 cm länger als die vordere Schulternaht! Schulternaht bei 1 cm schließen, dabei 1 cm in den Kapuzenansatz nähen, gut verriegeln. Die Nahtzugabe am Nahtende einschneiden. Den hinteren Halsausschnitt von Kapuze und Rückenteil rechts auf rechts zusammennähen. Die Nahtzugaben der Schulternähte versäubern und in das Rückenteil bügeln.

5 **Hintere Halsausschnittkante einfassen:** Das Baumwoll-Schrägband rechts auf rechts an die hintere Halsausschnittkante legen. Am Anfang und Ende (Schulterpunkt) des hinteren Halsausschnittes liegt die Nahtzugabe vom Band je 1 cm über der Schulternaht. Die Naht in der Bruchkante des Schrägbandes nähen. Das Schrägband danach um die Nahtzugabe herum nach innen legen – am Nahtanfang bzw. Nahtende die überstehende Nahtzugabe nach links schlagen –und von rechts im Nahtschatten das Band feststeppen. Die eingefasste Nahtzugabe in das Oberteil bügeln und das Schrägband knapp an der Bruchkante auf das Rückenteil steppen. Schulternähte von rechts knapp und füßchenbreit absteppen. 5

1

2

3

5

9

6 **Ärmel offen einsetzen:** Die oberen Ärmelschnittkanten rechts auf rechts auf die Armausschnittkanten des Oberteils legen und stecken. Die Naht bei 1 cm schließen; die Nahtzugabe versäubern. Ärmelnähte von rechts knapp und füßchenbreit absteppen.

7 **Ärmel- und Seitennähte schließen:** Vorder- und Rückenteil (inklusive Ärmel) an den Ärmel- und Seitenschnittkanten deckungsgleich rechts auf rechts aufeinanderlegen und jeweils in einem Arbeitsschritt die Nähte schließen. Die Nahtzugaben versäubern und in das Rückenteil bügeln.

8 **Ärmelsaum:** Die unteren Ärmelkanten versäubern und 6 cm nach links bügeln. Den Ärmelsaum an der versäuberten Kante knappkantig auf den Ärmel steppen.

9 **Eingriffstaschen am Vorderrock:** Das Schrägband rechts auf rechts auf die Markierung für den Tascheneingriff im Vorderrock legen – am Eingriffsende 1 cm Nahtzugabe überstehen lassen – bei 1 cm nähen. Die Nahtzugabe am Nahtende quer zu Naht einschneiden. Nahtzugaben auseinanderbügeln, das Schrägband nach links einschlagen und den Nahtbruch einbügeln. Am Eingriffende das überstehende Schrägband nach links einschlagen und das Schrägband knapp an der Bruchkante auf den Vorderrock steppen. Taschenbeutel versäubern und rechts auf links unter den Tascheneingriff legen. Die seitliche Nahtzugabe des Taschenbeutels liegt in einer Linie mit der Seitennaht des Vorderrocks. Taschenbeutel auf dem Vorderrock feststecken und von links knapp und füßchenbreit von der versäuberten Kante den Taschenbeutel auf den Vorderrock steppen. 9

10 **Rock zusammennähen:** Vorder- und Hinterrock rechts auf rechts legen und die Seitennähte bei 1 cm schließen. Nahtzugaben versäubern und in den Hinterrock bügeln.

11 **Saum:** Die untere Rockkante versäubern und 3 cm nach links umbügeln. Den Saum an der versäuberten Kante knapp und füßchenbreit auf den Rock steppen.

12 **Rock und Oberteil zusammennähen:** Rock und Oberteil an den Schnittkanten rechts auf rechts aufeinanderlegen – Seitennähte von Rock und Oberteil liegen exakt aufeinander. Die Strecke feststecken und bei 1 cm nähen. Nahtzugaben versäubern und in das Oberteil bügeln. Die Nahtzugabe von rechts knapp und füßchenbreit auf das Oberteil steppen. 12

12

DAS KLEINE SCHWARZE!

EINFACHER SCHNITT – TOLLE WIRKUNG. DIESES KLEID SCHMEICHELT JEDER FIGUR.

Schwarzes Kleid mit Taillenbund

Größen 34/36 · 38/40 · 42/44
Schwierigkeitsgrad ✂✂

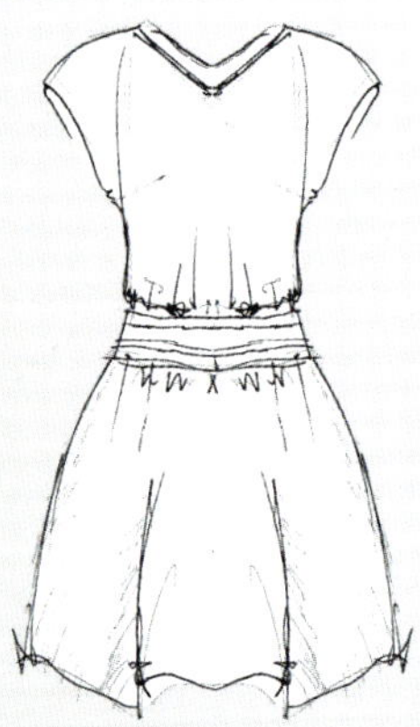

Schnittbogen D in Blau

Material

- Jersey in Schwarz (94 % Viskose, 6 % Elasthan, 150 cm breit), 120 cm
- Streifen-Jersey in Schwarz/Creme (95 % Viskose, 5 % Elasthan, 145 cm breit), 20 cm
- Farblich passendes Nähgarn

Zuschneiden

Die Schnittteile der gewünschten Größe vom Bogen auf Papier kopieren und ausschneiden.

Schnittbogen D in Blau
Größe: 34/36 - - - - - - - - - - -
Größe: 38/40 ....
Größe: 42/44 ————————

Schnittteile gemäß Zuschneideplänen auf die entsprechenden Stoffe legen. Beim Streifen-Jersey beachten, dass die Streifen bei Vorder- und Rückteil auf gleicher Höhe liegen. Als Nahtzugabe an der unteren Rockkante 1,5 cm, an den restlichen Schnittkanten 1 cm zugeben.

- 5 Vorder- und Rückenteil
- 6 Vorder- und Hinterrock
- 12 vorderer und hinterer Taillenbund

Nachfolgendes Schnittteil aus schwarzem Jersey ist mit Nahtzugabe angegeben.

- A Halsausschnittblende: 6 cm kürzer als die Halsausschnittkante, 3 cm breit

Zuschneideplan

Jersey in Schwarz

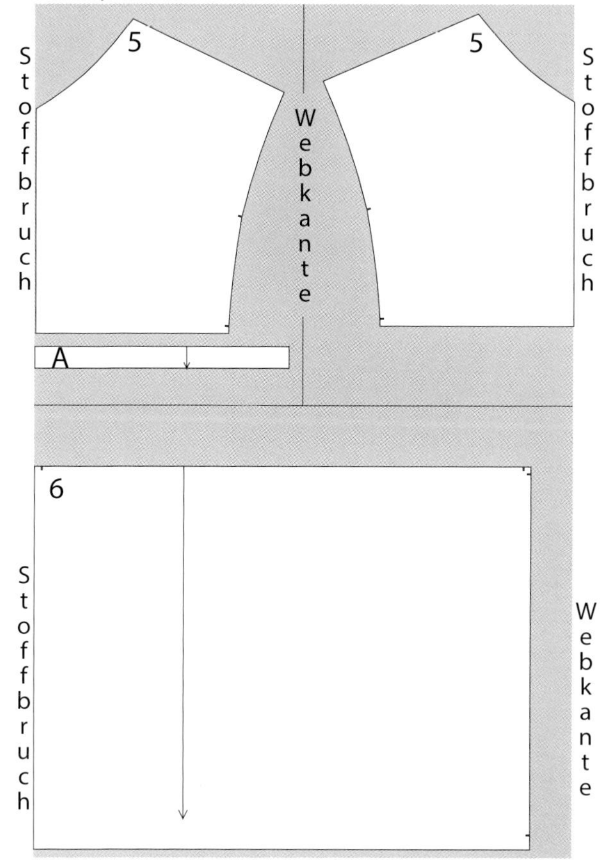

Streifen-Jersey

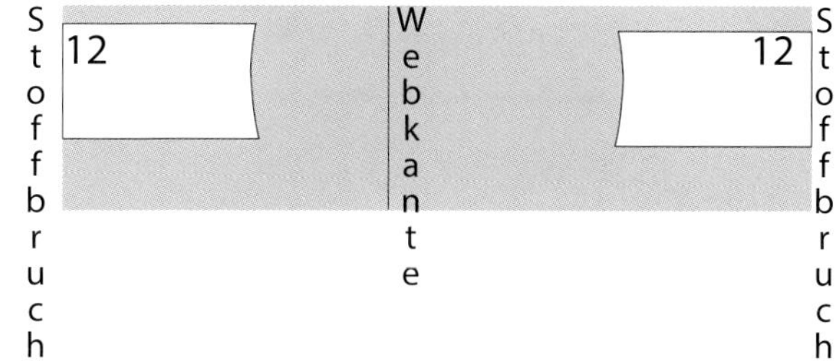

So wird's gemacht

1 Vorder- und Rückenteil: Vorder- und Rückenteil rechts auf rechts an den Schulterschnittkanten deckungsgleich aufeinanderlegen und die Schulternähte bei 1 cm schließen. Die Nahtzugaben versäubern und in das Rückenteil bügeln. Die Seitenschnittkanten von Vorder- und Rückenteil versäubern.

2 Halsausschnittblende: Die Blende an den kurzen Kanten rechts auf rechts legen und bei 1 cm zum Ring schließen. Nahtzugaben auseinanderbügeln. Die Blende an den langen Kanten links auf links legen und den Bruch bügeln. Den, im Bruch liegenden Ring, in gedehntem Zustand rundum füßchenbreit ab Schnittkanten zusammensteppen. Die Blende leicht gedehnt, rechts auf rechts mit der Schnittkante an die Schnittkante des Halsausschnittes stecken. Die Naht der Blende liegt entweder an der linken oder an der rechten Schulternaht deckungsgleich auf. Die Blende bei 1 cm annähen, Schnittkanten versäubern. Die Nahtzugaben in das Oberteil bügeln und von rechts füßchenbreit feststeppen.

3 Oberteil: Die versäuberten Seitenschnittkanten von Vorder- und Rückenteil rechts auf rechts deckungsgleich aufeinanderlegen und die Seitennähte bis zum Markierungspunkt des Armlochs schließen. An dieser Stelle gut verriegeln. Die Nahtzugaben auseinanderbügeln, dann von rechts, an der unteren Kante beginnend bis zum Armloch, quer, und wieder zur unteren Kante zurück füßchenbreit feststeppen. Anschließend die unteren Ärmelkanten 1 cm breit nach links umbügeln und die Säume an der versäuberten Kante knappkantig auf das Oberteil steppen.

4 Vorder- und Hinterrock nähen: Vorder- und Hinterrock rechts auf rechts an den Seitenschnittkanten deckungsgleich aufeinanderlegen und die Seitennähte schließen. Die Nahtzugaben versäubern und in den Hinterrock bügeln. Die vordere und hintere Mitte an der oberen Rockkante markieren.

5 Rocksaum: Die untere Rockkante versäubern und 1,5 cm nach links. Den Saum an der versäuberten Kante knappkantig auf den Rock steppen.

6 Taillenbund vorbereiten: Den vorderen und hinteren Taillenbund rechts auf rechts deckungsgleich aufeinanderlegen, sodass die Schnittkanten und die Streifen exakt aufeinandertreffen. Die Seitennähte bei 1 cm schließen. Die Nahtzugaben versäubern und in den hinteren Taillenbund bügeln. Am Taillenbund die vordere und hintere Mitte markieren.

7 Taillenbund an den Rock nähen: Den Taillenbund rechts auf rechts auf die obere Rockschnittkante legen. Die Seitennähte und die markierten vorderen und hinteren Mitten müssen exakt aufeinanderliegen. Die Strecke feststecken und in gedehntem Zustand Bund und Rock zusammennähen. Die Nahtzugaben versäubern und in den Rock bügeln.

8 Taillenbund an das Oberteil nähen: Am unteren Rand des Oberteils die vordere und hintere Mitte markieren. Das Oberteil rechts auf rechts an die obere Schnittkante des Taillenbundes legen. Die Seitennähte und die markierten vorderen und hinteren Mitten müssen auch hier exakt aufeinanderliegen. Die Strecke feststecken und in gedehntem Zustand Bund und Oberteil zusammennähen. Die Nahtzugaben versäubern und in das Oberteil bügeln.

DIESES KLEID
IST VIELSEITIG
EINSETZBAR.
EIN PERFEKTES
KOFFERKLEID!

ANZIEHEN UND WOHLFÜHLEN!

DIESES KLEID MIT FLEDERMAUS-ÄRMELN IST EIN MODISCHES SOWIE LÄSSIGES, UND DURCH DEN BESONDEREN STOFF ZUDEM NOCH SEHR EDLES KLEIDUNGSSTÜCK.

Fledermaus-Kleid

Größen 34/36 · 38/40 · 42/44 • **Schwierigkeitsgrad**

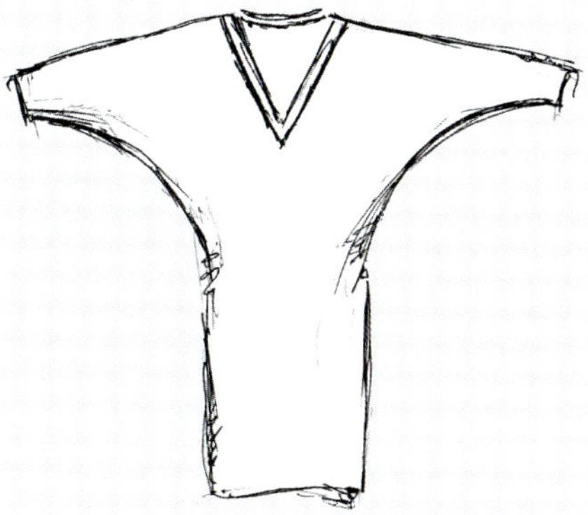

Schnittbogen D in Rot

Material

- Cupro-Jersey in Grün (96 % Cupro, 4 % Elasthan, 140 cm breit), 210 cm
- Farblich passendes Nähgarn

TOLLE WIRKUNG DURCH DAS TOLLE MATERIAL!

Zuschneideplan

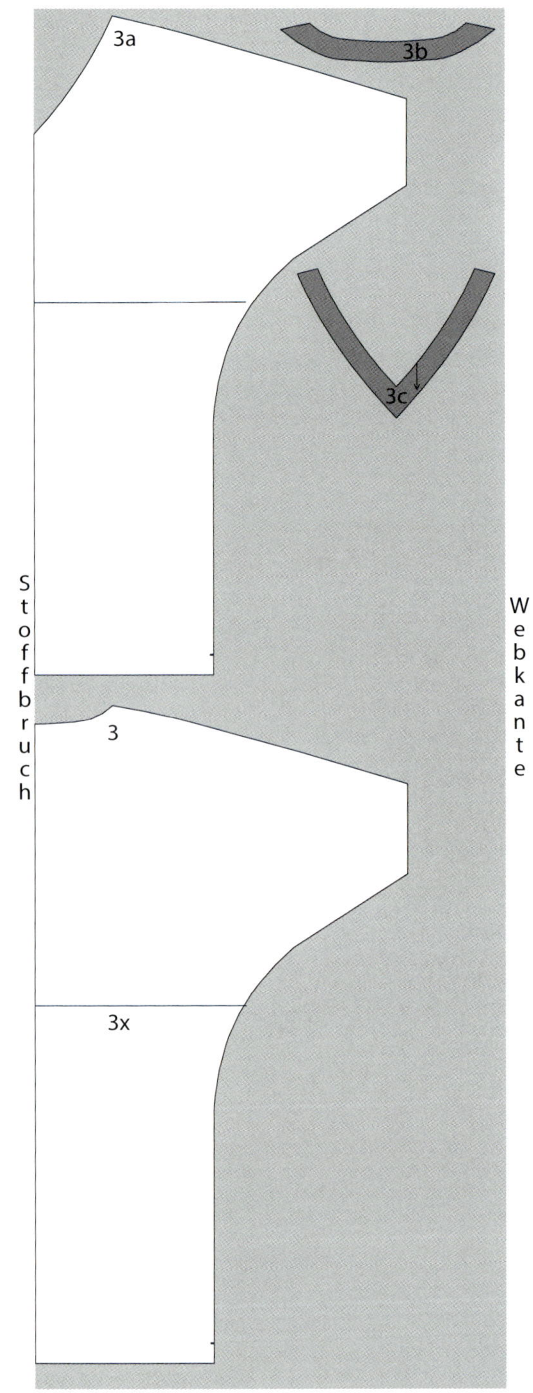

Zuschneiden

Die Schnittteile der gewünschten Größe vom Bogen auf Papier kopieren und ausschneiden.

Bitte beachten: Das Rückenteil aus den Teilen 3 und 3x zusammensetzen. Das Vorderteil, den hinteren und den vorderen Halsausschnittbeleg aus dem Rückenteil kopieren.

Schnittbogen D in Rot
Größe: 34/36
Größe: 38/40
Größe: 42/44

Schnittteile gemäß Zuschneideplan auf den Stoff legen (grau gekennzeichnete Teile nur in einfacher Stofflage). Als Nahtzugabe am unteren Kleidrand 2 cm, an den restlichen Schnittkanten 1 cm zugeben.

- 3 + 3x Rückenteil
- 3a Vorderteil
- 3b hinterer Halsausschnittbeleg
- 3c vorderer Halsausschnittbeleg

So wird's gemacht

Bitte beachten: Bei diesem Material werden die Schnittkanten nicht versäubert.

1 **Vorder- und Rückenteil:** Vorder- und Rückenteil rechts auf rechts aufeinanderlegen und bei 1 cm die Schulter- und oberen Ärmelnähte schließen. Die Nahtzugaben auseinanderbügeln und von rechts beidseitig der Naht die Nahtzugaben knappkantig feststeppen. Von links die Nahtzugaben auf 0,5 cm zurückschneiden.

2 **Halsausschnittbeleg:** Den vorderen und den hinteren Halsausschnittbeleg rechts auf rechts aufeinanderlegen, die Schulternähte bei 1 cm schließen und die Nahtzugaben auseinanderbügeln. Den Halsausschnittbeleg rechts auf rechts auf die Halsausschnittkante des Oberteils legen – Schulternähte, vordere Spitze und hintere Mitte liegen exakt aufeinander – und feststecken. Bei 1 cm nähen. Die Nahtzugabe zur Spitze bis an die Naht einschneiden und die gesamte Nahtzugabe auf 0,5 cm zurückschneiden. Die Nahtzugabe in den Beleg bügeln und von rechts knappkantig feststeppen (Untersteppnaht). 2a

Den Beleg nach links schlagen und den Nahtbruch mit einem Bügeltuch einbügeln. Den Beleg von links mit Stecknadeln auf dem Oberteil feststecken und 2 cm ab Nahtbruch feststeppen. Die überstehende Nahtzugabe auf 0,3 cm zurückschneiden. 2b

3 **Seitennähte schließen:** Vorder- und Rückenteil rechts auf rechts legen, so dass die Seitenschnittkanten deckungsgleich aufeinanderliegen, feststecken und die Naht bei 1 cm schließen. Die Nahtzugaben auseinanderbügeln und von rechts beidseitig der Naht knappkantig feststeppen. Von links die Nahtzugaben auf 0,5 cm zurückschneiden. 3

4 **Saum und Ärmelsaum:** Den unteren Kleidrand 2 cm und die unteren Ärmelkanten 1 cm nach links umbügeln. Alle Säume an der Schnittkante knappkantig auf dem Oberteil bzw. Ärmel feststeppen. 4

2a

2b

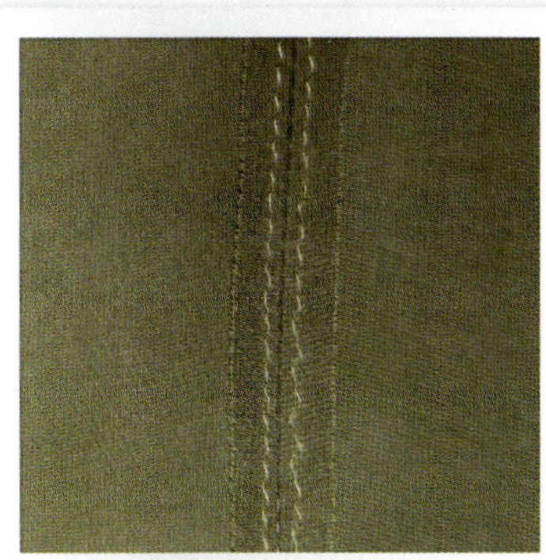
3

4

STREIFEN UND VIEL TÜLL!!

EIN ÄRMELLOSES KLEID MIT EINGESETZTEM ÜBERROCK IN EINEM APARTEN MIX AUS STREIFEN-JERSEY UND PÜNKTCHEN-TÜLL.

Trägerkleid mit Tüllrock

Größen 36 · 38 · 40 · 42 • **Schwierigkeitsgrad** ✂

Schnittbogen A in Rot

Material

- Pünktchen-Tüll in Schwarz (79 % Polyamid, 21 % Polyvinylchlorid, 140 cm breit), 80 cm
- Ringel-Jersey in Schwarz/Weiß (96 % Viskose, 4 % Elasthan, 150 cm breit), 110 cm
- Jersey in Schwarz (94 % Viskose, 6 % Elasthan, 150 cm breit), 10 cm
- Gummiband in Schwarz (3 mm breit), 100 cm
- Farblich passendes Nähgarn

EGAL, WO DU EINGELADEN BIST, DU SIEHST IMMER „TOP" AUS.

Zuschneideplan

Pünktchen-Tüll in Schwarz

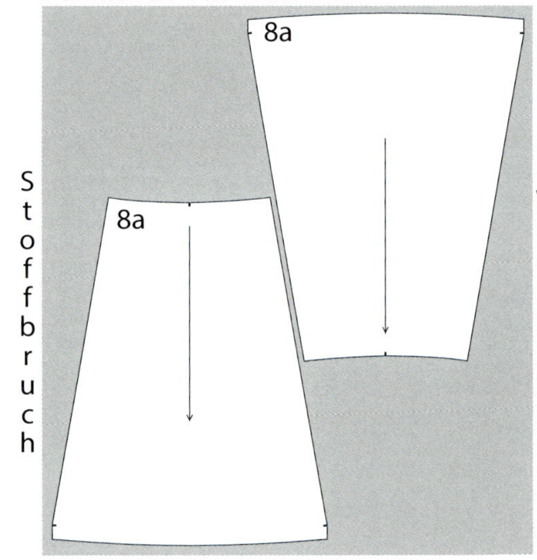

Ringel-Jersey in Schwarz/Weiß

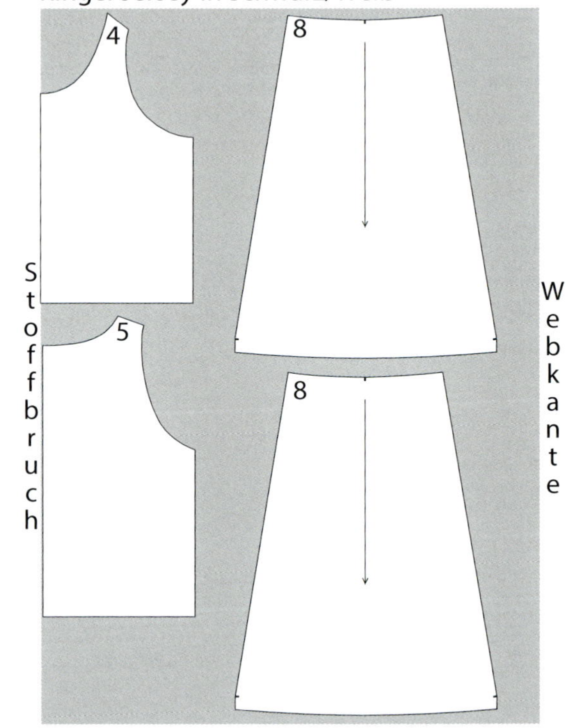

Zuschneiden

Die Schnittteile der gewünschten Größe vom Bogen auf Papier kopieren und ausschneiden.

Bitte beachten: Die Rockbahn aus der Futter-Rockbahn kopieren.

Schnittbogen A in Rot
Größe: 36
Größe: 38
Größe: 40
Größe: 42

Schnittteile gemäß Zuschneideplänen auf die entsprechenden Stoffe legen. Als Nahtzugabe an der unteren Rockkante sowie der Futterrockkante 2 cm, an allen restlichen Schnittkanten 1 cm zugeben.

- 4 Vorderteil
- 5 Rückenteil
- 8 Futter-Rockbahn
- 8a Rockbahn

Nachfolgende Schnittteile aus **schwarzem Jersey** sind mit Nahtzugabe angegeben.
- A Halsausschnitt-Einfass-Streifen: 6 cm kürzer als die Halsausschnittkante, 4 cm breit (1x)
- B Armausschnitt-Einfass-Streifen: 4 cm kürzer als die Armausschnittkante, 4 cm breit (2x)

So wird's gemacht

1 **Röcke nähen:** Die 4 Rockbahnen Pünktchen-Tüll nacheinander jeweils an einer Seitenkante rechts auf rechts deckungsgleich aufeinanderlegen und bei 1 cm zusammennähen. Mit der letzten Naht den Rock rund schließen. Die 4 Rockbahnen Ringel-Jersey genauso nähen, dabei darauf achten, dass die Streifen aufeinanderpassen! Alle Nahtzugaben versäubern und in eine Richtung bügeln.

2 **Säume:** Jeweils den unteren Rockrand versäubern und 2 cm nach links umbügeln. Den Saum an der versäuberten Kante knappkantig feststeppen.

3 **Futter und Rock verbinden:** Tüll-Rock links auf rechts über den Jersey-Rock ziehen und die oberen Kanten zusammenstecken – die Längsnähte beider Röcke sollten deckungsgleich aufeinanderliegen. Bei 1 cm nähen.

4 **Schulternähte schließen:** Vorder- und Rückenteil rechts auf rechts legen, sodass die Schulterschnittkanten deckungsgleich aufeinanderliegen. Die Schulternähte bei 1 cm schließen. Nahtzugaben versäubern und in das Rückenteil bügeln.

5 **Halsausschnitt-Einfass-Streifen:** Die Einfass-Streifen an den kurzen Kanten rechts auf rechts legen und bei 1 cm zum Ring schließen. Nahtzugaben auseinanderbügeln. Einfassblende leicht gedehnt, rechts auf rechts mit der Schnittkante an die Schnittkante des Halsausschnittes stecken. Die Naht der Blende liegt entweder an der linken oder an der rechten Schulternaht deckungsgleich auf. Die Blende bei 1 cm annähen. Den Einfass-Streifen um die Nahtzugabe herum auf die linke Seite schlagen und von rechts feststecken. Von rechts neben der Naht den Einfass-Streifen knappkantig feststeppen. Die überstehende Nahtzugabe auf der linken Seite auf 0,3 cm zurückschneiden.

6 **Armausschnitt-Einfass-Streifen:** Die Armausschnittkanten wie die Halsausschnittkante verarbeiten. Darauf achten, dass die Naht des Einfass-Streifens deckungsgleich auf der Seitennaht liegt.

7 **Oberteil und Rock zusammennähen:** Die vordere und hintere Mitte am Oberteil markieren. Das Oberteil rechts auf rechts auf die Taillenkante des Rocks legen, sodass die Schnittkanten deckungsgleich aufeinanderliegen und die Seitennähte sowie die vordere und hintere Mitte von Oberteil und Rock aufeinandertreffen, feststecken. Bei 1 cm nähen, dabei die Stoffe sehr stark dehnen. Ebenfalls in stark gedehntem Zustand die Nahtzugaben versäubern. Nahtzugaben in das Oberteil bügeln.

8 **Gummiband auf Taillennaht steppen:** Das Gummiband auf Taillenweite schneiden. Die Enden des Gummibandes 1 cm übereinanderlegen und zusammennähen. Die Strecke vierteln und die Punkte mit Stecknadeln markieren. Das Gummiband von links so auf die Nahtzugabe der Taillennaht stecken, dass die Viertelmarkierungen am oberen Rockrand auf die Teilungsnähte des Rocks treffen. Das Gummiband stark gedehnt auf die Nahtzugabe der Teilungsnaht steppen.

SWEET PINK!

EINE SEHR MODISCHE VARIANTE IST DIESES MODELL MIT ZUNGENRAGLAN. DER STREIFEN-EINSATZ IN DEN RAGLANNÄHTEN GIBT DEM SHIRT SEINE BESONDERE NOTE.

Raglan-Shirt mit Streifen

Größen 36 · 38 · 40 · 42 • **Schwierigkeitsgrad**

Schnittbogen D in Schwarz

Material

- Viskose-Jersey in Pink (94 % Viskose, 6 % Elasthan, 150 cm breit), 150 cm
- Streifen-Jersey in Blau/Pink (94 % Viskose, 6 % Elasthan, 140 cm breit), 10 cm
- Farblich passendes Nähgarn

EIN RAGLAN-SHIRT – DAVON SOLLTE JEDER MEHRERE BASICS IM KLEIDERSCHRANK HABEN!

Zuschneiden

Die Schnittteile der gewünschten Größe vom Bogen auf Papier kopieren und ausschneiden.

Schnittbogen D in Schwarz
Größe: 36 ‚‚‚‚‚‚‚‚‚‚‚‚‚‚‚‚‚‚‚‚‚‚
Größe: 38 -----------
Größe: 40 ∘∘∘∘∘∘∘∘∘∘∘∘∘∘∘∘
Größe: 42 ———————

Schnittteile gemäß Zuschneideplan auf den Stoff legen.
Als Nahtzugabe an den unteren Kanten 2 cm, an den restlichen Schnittkanten 1 cm zugeben.

- 1 Vorderteil
- 2 Rückenteil
- 8 Ärmel

Nachfolgende Schnittteile sind mit Nahtzugabe angegeben:
- A Halsausschnittblende: 6 cm kürzer als die Halsausschnittkante, 4 cm breit

Aus dem **Streifen-Jersey** zuschneiden:
- B Armausschnittblenden: Länge wie Armausschnittkante, 3 cm breit (2x)
- C Einfass-Streifen für Schlitz: Länge wie Schlitzkante, 3 cm breit (4x)

Zuschneideplan

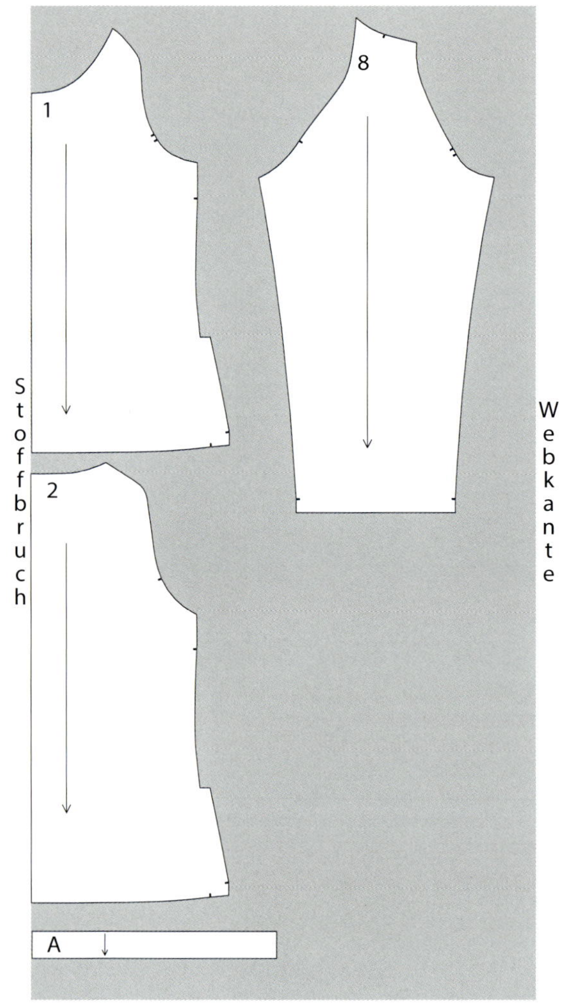

So wird's gemacht

1 Saum: Die untere Shirtkante versäubern und 2 cm nach links umbügeln. Den Saum an der versäuberten Kante knappkantig auf das Oberteil steppen.

2 Seitennähte und Schlitze: An Vorder- und Rückteil alle Seitenschnittkanten inklusive Schlitzkanten versäubern. Die Einfass-Streifen jeweils rechts auf rechts auf die Schlitzkanten legen. Nahtzugabe vom Streifen liegt am unteren Rand 1 cm über. Alle Einfass-Streifen füßchenbreit aufnähen. Die Nahtzugabe des Einfass-Streifens am unteren Rand nach links einschlagen und danach den aufgenähten Streifen um die seitliche Nahtzugabe herum falten und feststecken. Von rechts knapp neben der Naht den

Streifen feststeppen. Die überstehende Nahtzugabe des Streifens bis auf 0,3 cm zurückschneiden.
Vorderteil rechts auf rechts auf das Rückenteil legen und bei 1 cm die Seitennähte schließen. Die Naht endet 1 cm unterhalb des Markierungspunktes vom Schlitzanfang. Nahtende fest verriegeln. Die Nahtzugaben von links in das Vorderteil bügeln. Der Schlitz des Vorderteils (Obertritt genannt) wird im Verlauf der Naht nach links gebügelt. Die angeschnittene Schlitzkante des Rückenteils (Untertritt genannt) liegt deckungsgleich darüber. Den Obertritt des Vorderteils feststecken und an der äußeren eingefassten Kante aufsteppen. 2a
Von rechts Ober- und Untertritt an der oberen Schlitzkante horizontal feststeppen. 2b

3 **Armausschnittblenden:** Den Streifen rechts auf rechts an das Armloch legen, so dass die Nahtzugabe vom Armloch noch sichtbar ist. Mit Stecknadeln den Streifen am Armloch befestigen und den Streifen bei 1 cm auf das Armloch nähen.
Den Streifen zur Armlochschnittkante bügeln. Streifenkante und Armlochschnittkante liegen jetzt deckungsgleich auf. Mit Stecknadeln befestigen und die Schnittkanten fußbreit zusammennähen.

4 **Ärmel:** Ärmel an den Längsschnittkanten rechts auf rechts legen und bei 1 cm nähen. Die Nahtzugaben versäubern und nach hinten bügeln.

5 **Ärmelsaum:** Die unteren Ärmelkanten versäubern und 2 cm nach links umbügeln. Den Saum an der versäuberten Kante knappkantig auf den Ärmel steppen.

6 **Ärmel einnähen:** Beim Einsetzen des Ärmels in das Armloch immer darauf achten, dass der rechte Ärmel in das rechte Armloch und der linke Ärmel in das linke Armloch genäht wird! Die Ärmelnaht liegt rechts auf rechts exakt auf der Seitennaht. Die Ärmelkugel kantenbündig in das Armloch stecken und bei 1 cm nähen. Nahtzugaben versäubern, in das Vorder- bzw. Rückenteil bügeln und von rechts füßchenbreit absteppen. 6

7 **Halsausschnittblende:** Die Blende an den kurzen Kanten rechts auf rechts legen und bei 1 cm zum Ring schließen. Nahtzugaben auseinanderbügeln. Die Blende an den langen Kanten links auf links legen und den Bruch bügeln. Den, im Bruch liegenden Ring, in gedehntem Zustand rundum füßchenbreit ab Schnittkanten zusammensteppen. Die Blende leicht gedehnt, rechts auf rechts mit der Schnittkante an die Schnittkante des Halsausschnittes stecken. Die Naht der Blende liegt entweder an der linken oder an der rechten Schulternaht deckungsgleich auf. Die Blende bei 1 cm annähen, Schnittkanten versäubern. Die Nahtzugaben in das Oberteil bügeln und von rechts füßchenbreit feststeppen. 7

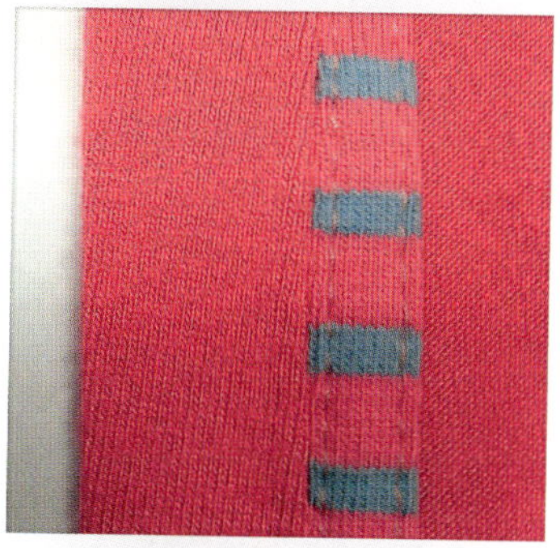
2a

2b

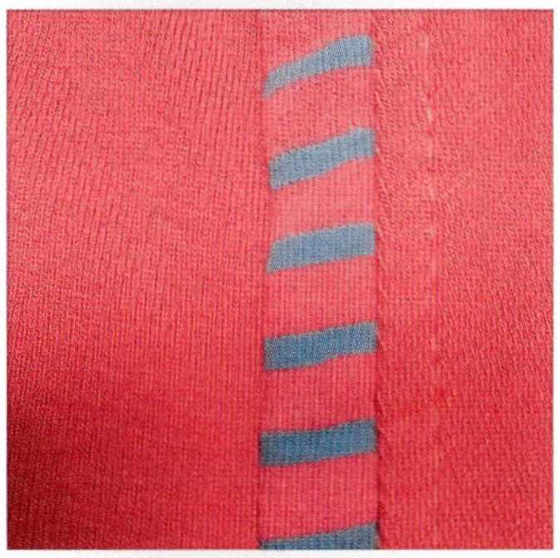
6

7

EIN ALLROUNDER!

EIN ROCK – SO VIELE KOMBINATIONSVORSCHLÄGE … SEHEN DIE NICHT ALLE SUPER AUS? LÄSSIG, BEQUEM UND LUFTIG. SO BIST DU IM SOMMER RICHTIG ANGEZOGEN.

Ballonrock

Größen 34/36 · 38/40 · 42/44

Schwierigkeitsgrad ✂✂

Schnittbogen B in Rot

Material

- Jersey in Grün (72 % Viskose, 23 % Baumwolle, 5 % Metall, 170 cm breit), 100 cm
- Viskose-Jersey in Orange (96 % Viskose, 4 % Elasthan, 150 cm breit), 5 cm
- Gummiband in Schwarz (5 cm breit), 90 cm
- Gummiband in Schwarz (3 cm breit), 100 cm
- Farblich passendes Nähgarn

Zuschneiden

Die Schnittteile der gewünschten Größe vom Bogen auf Papier kopieren und ausschneiden.

Schnittbogen B in Rot
Größe: 34/36
Größe: 38/40
Größe: 42/44

Schnittteile gemäß Zuschneideplan auf den Stoff legen (grau gezeichnetes Teil nur in einfacher Stofflage schneiden).

Als Nahtzugabe an allen Schnittkanten 1 cm zugeben.

- 6 Vorder- und Hinterrock
- 7 Tasche
- 8 Saum- und Taillenbund

Nachfolgendes Schnittteil aus orangefarbenem Jersey ist mit Nahtzugabe angegeben:
- A Taschenblende: Länge wie Tascheneingriffkante, 4 cm breit

Zuschneideplan

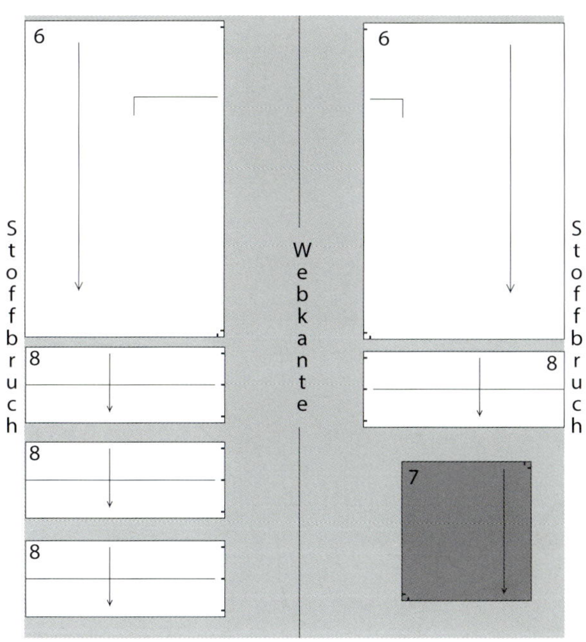

So wird's gemacht

1 **Seitennähte schließen:** Vorder- und Hinterrock rechts auf rechts an den Seitenkanten deckungsgleich aufeinanderlegen. Die linke Seitennaht bei 1 cm nähen, Nahtzugaben versäubern und in den Hinterrock bügeln. Die Naht von rechts knapp und füßchenbreit absteppen. Bevor die zweite Seitennaht geschlossen wird, die Tasche aufsteppen.

2 **Tasche:** Schnittkante des Tascheneingriffs 1 cm nach rechts bügeln. Darauf die unversäuberte Taschenblende so legen, dass sie 0,5 cm an der Bruchkante des Tascheneingriffs übersteht. Von links an der Bruchkante (Blende ist 0,5 cm sichtbar) knappkantig die Blende aufsteppen. Von rechts die seitlichen und die untere Blendenkante 0,5 cm ab Schnittkante auf die Tasche steppen. 1a + 1b
Eine Taschenschablone anfertigen (= gesamtes Taschenteil ohne Nahtzugabe). Die Tasche (rechts unten) auf das Bügelbrett, darauf die Pappschablone (Nahtzugaben sind sichtbar). Die Nahtzugaben um die Schablone herum auf die Schablone bügeln. Die Tasche links auf rechts an die Markierungspunkte von Vorder- und Hinterrock legen. Feststecken und knapp und füßchenbreit auf den Rock nähen. Nun die andere Seitennaht schließen (siehe Punkt 1).

3 **Taillenbund vorbereiten:** Eine Pappschablone in Bundgröße (= doppelte Breite des Bundschnittteils, ohne Nahtzugabe) anfertigen. Den Taillenbund auf das Bügelbrett (rechts unten) legen und die Pappschablone mittig darauf legen (Nahtzugaben vom Bund sind sichtbar!). Die Nahtzugaben um die Schablone herum auf die Schablone bügeln. Schablone entfernen, Nahtzugaben auffalten. Den Taillenbund an den kurzen Kanten rechts auf rechts legen und bei 1 cm zusammennähen. Nahtzugaben auseinanderbügeln. Anschließend an der Naht die Nahtzugaben der langen Kanten wieder einlegen und bügeln.

DAS PERFEKTE KLEIDUNGSSTÜCK FÜR DEN ALLTAG!

1a

1b

4 **Taillenbund annähen:** Eine lange Bundkante – Nahtzugabe ist aufgeklappt – rechts auf links auf die Taillenkante des Rocks legen – die Bundnaht liegt an einer Rocknaht – und die gesamte Strecke feststecken. Bei 1 cm nähen, Nahtzugaben in den Bund bügeln. Den Bund zur Hälfte auf die rechte Seite schlagen und die zweite lange Bundkante mit eingeschlagener Nahtzugabe deckungsgleich auf die sichtbare Bundnaht stecken. An der Bruchkante der Nahtzugabe den Bund knappkantig aufsteppen, dabei eine etwa 4 cm lange Öffnung für das Gummiband lassen. 4a
Gummiband auf Taillenweite plus 2 cm schneiden und mit Hilfe einer Sicherheitsnadel in den Taillenbund einziehen. Gummibandenden 2 cm übereinanderlegen und mit einem Viereck zusammensteppen. Die Stoffweite gleichmäßig verteilen. Die Öffnung schließen. Das Gummiband in vorderer bzw. hinterer Mitte und an den Seitennähten vertikal auf den Bund steppen. 4b

5 **Saumbund vorbereiten:** Beide Saumbündchen an den kurzen Kanten rechts auf rechts legen und bei 1 cm schließen. Nahtzugaben auseinanderbügeln. Bund links auf links zur Hälfte legen und die Bruchkante einbügeln. Schnittkante des äußeren Bundes 1 cm nach links bügeln. Den Bund aufklappen und die Strecken des vorderen und hinteren Bundes jeweils durch sechs teilen und mit Stecknadeln im inneren Bund 2,5 cm ab Bruchkante markieren. Mit dem Gummiband genauso verfahren und ebenfalls mit Stecknadeln markieren. Markierte Stellen vom Gummi und Bund aufeinanderstecken und das Gummiband punktuell festnähen, auch an den Seitennähten. Gut verriegeln.

6 **Saumbund annähen:** Den inneren Saumbund rechts auf links an Saumkante des Rocks legen, die Seitennähte von Saumbund und Rock liegen exakt aufeinander, feststecken, Naht nähen. Nahtzugabe in den Bund bügeln. Äußeren Bund von rechts an der eingebügelten Kante knapp auf die Ansatznaht steppen.

4a

4b

EDLES ON TOP!

FEINER RIPPENSTRICK AUS VISKOSE, KOMBINIERT MIT EINEM NETZSTRICKSTOFF, GEBEN DIESEM TOP ETWAS BESONDERS EDLES.

Stufentop

Größen 34/36 · 38/40 · 42/44 • **Schwierigkeitsgrad** ✂

Schnittbogen D in Rot

Material

- Rippen-Strick in Beige (60 % Viskose, 40 % Polyamid, 125 cm breit), 80 cm
- Netz-Strick in Beige (60 % Viskose, 40 % Polyamid, 135 cm breit), 60 cm
- Farblich passendes Nähgarn

DAS MODELL IST NICHT NUR DURCH SEINEN MATERIAL-MIX OPTISCH EIN HINGUCKER, SONDERN ES BESTICHT AUCH DURCH SEINEN STUFEN-LOOK.

Zuschneiden

Die Schnittteile der gewünschten Größe vom Bogen auf Papier kopieren und ausschneiden.

Schnittbogen D in Rot

Größe: 34/36 - - - - - - - - - - -

Größe: 38/40 ◦◦◦◦◦◦◦◦◦◦◦◦◦◦◦

Größe: 42/44 ———————

Schnittteile gemäß Zuschneideplänen auf die entsprechenden Stoffe legen. Als Nahtzugabe an den unteren Kanten des Vorder- und Rückteils 2 cm, an den unteren Kanten des oberen Vorder- und Rückenteils keine, an den restlichen Schnittkanten 1 cm zugeben.

- 9 Vorderteil
- 9a oberes Vorderteil
- 10 Rückenteil
- 10a oberes Rückenteil

Nachfolgende Schnittteile sind mit Nahtzugabe angegeben:

- A Halsausschnittblende: 6 cm kürzer als die Halsausschnittkante, 4 cm breit
- B Armausschnittblenden: 4 cm kürzer als die Armausschnittkante, 4 cm breit

So wird's gemacht

1 **Schulter- und Seitennähte schließen:** Von beiden Tops jeweils Vorder- und Rückenteil rechts auf rechts legen, sodass die Schulter- und Seitenschnittkanten deckungsgleich aufeinanderliegen. Die Nähte jeweils bei 1 cm schließen. Nahtzugaben versäubern und in das Rückenteil bügeln.

2 **Säume:** Am Rippenstrick-Top die unteren Kanten von Vorder- und Rückenteil versäubern und 2 cm nach links umbügeln. Die Säume an der versäuberten Kante knappkantig auf das Vorder- bzw. Rückenteil steppen. Am Netzstrick-Top die unteren Kanten rollieren (von Hand oder mit der Nähmaschine); alternativ die Kante mit einem dichten Zick-Zack-Stich übernähen um die gewünschte Optik zu erzielen.

Zuschneideplan

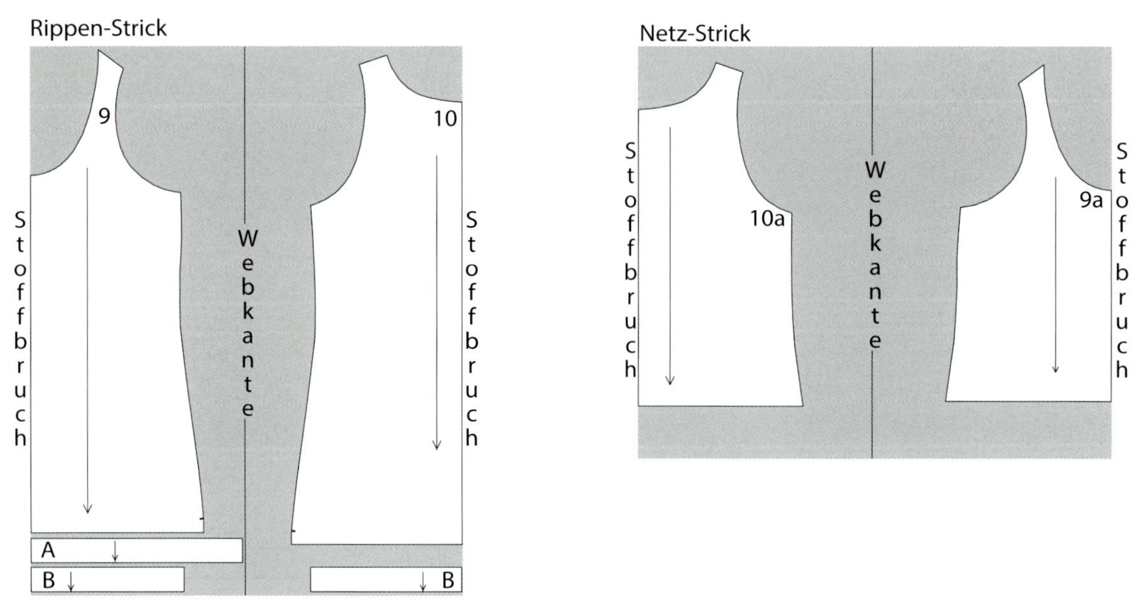

3 **Beide Tops miteinander verbinden:** Das Netzstrick-Top an den Armausschnittkanten und an der Halsausschnittkante links auf rechts an diese Kanten des Rippenstrick-Tops legen. Die Schnittkanten der beiden Tops liegen an den Armausschnittkanten und an der Halsausschnittkante deckungsgleich aufeinander. Alle Strecken feststecken. Die übereinanderliegenden Schnittkanten zusammennähen.

4 **Halsausschnittblende:** Die Blende an den kurzen Kanten rechts auf rechts legen und bei 1 cm zum Ring schließen. Nahtzugaben auseinanderbügeln. Die Blende an den langen Kanten links auf links in den Bruch bügeln, sodass die Schnittkanten exakt aufeinandertreffen. Den im Bruch liegenden Ring in gedehntem Zustand rundum füßchenbreit ab Schnittkanten zusammensteppen.
Die Blende leicht gedehnt, rechts auf rechts mit der Schnittkante an die Schnittkante des Halsausschnittes stecken. Die Naht der Blende liegt entweder an der linken oder an der rechten Schulternaht deckungsgleich auf. Die Blende bei 1 cm annähen, Schnittkanten versäubern. Die Nahtzugaben in das Oberteil bügeln und von rechts füßchenbreit feststeppen.

5 **Armausschnittblenden:** Die Armausschnittblenden wie die Halsausschnittblende arbeiten, siehe Punkt 4. Darauf achten, dass die Naht der Armausschnittblende deckungsgleich auf der Seitennaht liegt.

SUPER-SCHNELL GENÄHT!

DIESE HOSE GEHÖRT UNBEDINGT IN DEN URLAUBSKOFFER. DIE PASSENDEN ESPADRILLES DAZU – UND DU BIST GESTYLT!

Hose mit Saumbündchen

Größen 36 · 38 · 40 · 42 • **Schwierigkeitsgrad** ✂✂

Schnittbogen B in Blau

Material

- Jersey in Grün (72 % Viskose, 23 % Baumwolle, 5 % Metall, 170 cm breit), 140 cm
- Gummiband in Schwarz (5 cm breit), 150 cm
- Passendes Nähgarn

LUFTIG LEICHT, VÖLLIG UNKOMPLIZIERT UND MIT VIELEN SHIRTS KOMBINIERBAR.

Zuschneiden

Die Schnittteile der gewünschten Größe vom Bogen auf Papier kopieren und ausschneiden.

Bitte beachten: Für die Vorderhose die Teile 1 und 1x, für die Hinterhose die Teile 2 und 2y zusammensetzen. Den Taschenbeutel aus dem Taschenbeutel mit Hüftteil kopieren.

Schnittbogen B in Blau

Größe: 36

Größe: 38

Größe: 40

Größe: 42

Schnittteile gemäß Zuschneideplan auf den Stoff legen.
Als Nahtzugabe an allen Schnittkanten 1 cm zugeben.

- 1 + 1x Vorderhose
- 2 + 2y Hinterhose
- 3 Taschenbeutel mit Hüftteil
- 3a Taschenbeutel
- 4 Saum- und Taillenbund

Zuschneideplan

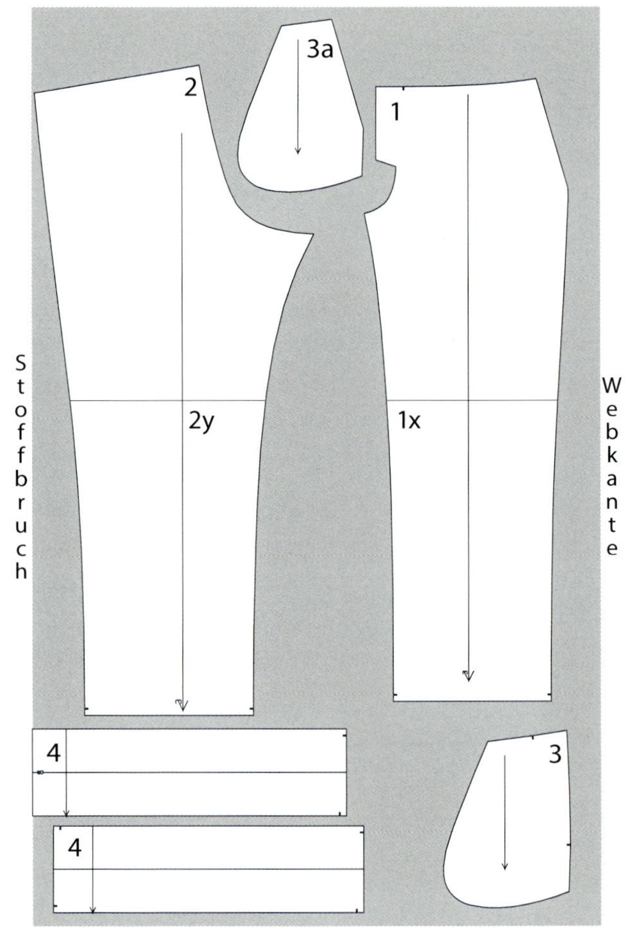

So wird's gemacht

1 **Eingrifftasche arbeiten:** Den Taschenbeutel rechts auf rechts auf die Vorderhose legen, so dass die Schnittkanten der Tascheneingriffe deckungsgleich aufeinanderliegen. Feststecken und den Tascheneingriff bei 1 cm nähen. Die Nahtzugaben versäubern und in die Vorderhose bügeln. Den Taschenbeutel auf die linke Seite der Vorderhose schlagen und den Nahtbruch einbügeln. Die Tascheneingriffkante knapp und füßchenbreit absteppen. Den Taschenbeutel mit Hüftteil laut Markierung rechts auf rechts an den Taschenbeutel legen, so dass die Schnittkanten der Taschenbeutel deckungsgleich aufeinanderliegen und die Taschenbeutelrundung feststecken. Den Taschenbeutel schließen und die Nahtzugaben versäubern. Die oberen und seitlichen Taschenbeutelkanten auf die Nahtzugaben der Vorderhose steppen.

2 **Vorder- und Hinterhose zusammennähen:** Je eine Vorder- und Hinterhose rechts auf rechts legen, sodass jeweils die äußeren Beinkanten sowie die inneren Beinkanten deckungsgleich aufeinanderliegen. Diese Kanten zusammenstecken und bei 1 cm schließen. Die Nahtzugaben versäubern und in die Hinterhosenteile bügeln.

3 **Schrittnaht schließen:** Beide Hosenbeine rechts auf rechts ineinanderstecken – die Schnittkanten der Schrittnaht liegen deckungsgleich, die inneren Hosenbeinnähte treffen exakt aufeinander. Die Schrittnaht – beginnend am angeschnittenen Hosenschlitz – bei 1 cm schließen. Die Schrittnaht, inklusive dem angeschnittenen Hosenschlitz in der Vorderhose, versäubern. Von rechts die vordere Mitte einbügeln, sie ist mit einem Knips markiert. Der angeschnittene Schlitz liegt innen auf der rechten Seite der Vorderhose. Danach den Hosenschlitz bügeln. Den angeschnittenen Hosenschlitz an der oberen Kante fußbreit feststeppen. Von rechts den Hosenschlitz durch alle Stofflagen 3 cm breit feststeppen.

4 **Taillenbund vorbereiten:** Eine Pappschablone in Bundgröße (= doppelte Breite des Bundschnittteils, ohne Nahtzugabe) anfertigen. Den Taillenbund auf das Bügelbrett (rechts unten) legen und die Pappschablone mittig darauf legen (Nahtzugaben vom Bund sind sichtbar!). Die Nahtzugaben um die Schablone herum auf die Schablone bügeln. Schablone entfernen, Nahtzugaben auffalten. Den Taillenbund an den kurzen Kanten rechts auf rechts legen und bei 1 cm zusammennähen. Nahtzugaben auseinanderbügeln. Anschließend an der Naht die Nahtzugaben der langen Kanten wieder einlegen und bügeln.

5 **Taillenbund annähen:** Eine lange Bundkante – Nahtzugabe ist aufgeklappt – rechts auf links auf die Taillenkante der Hose legen – die Bundnaht liegt an einer Hosennaht – und die gesamte Strecke feststecken. Bei 1 cm nähen, Nahtzugaben in den Bund bügeln. Den Bund zur Hälfte auf die rechte Seite schlagen und die zweite lange Bundkante mit eingeschlagener Nahtzugabe deckungsgleich auf die sichtbare Bundnaht stecken. An der Bruchkante der Nahtzugabe den Bund knappkantig aufsteppen, dabei eine etwa 4 cm lange Öffnung für das Gummiband lassen. Gummiband auf Taillenweite plus 2 cm schneiden und mit Hilfe einer Sicherheitsnadel in den Taillenbund einziehen. Gummibandenden 2 cm übereinanderlegen und mit einem Viereck zusammensteppen. Die Stoffweite gleichmäßig verteilen. Die Öffnung schließen. Den Bund vertikal, jeweils in Verlängerung der vier Rocknähte durchsteppen.

6 **Saumbündchen vorbereiten:** Die Saumbündchen wie den Taillenbund arbeiten.

7 **Saumbündchen annähen:** Die Saumbündchen jeweils wie den Taillenbund arbeiten, dabei das Gummiband auf die gewünschte Fesselweite plus 2 cm Nahtzugabe schneiden.

SCHICKES SHIRT ... SCHNELL GENÄHT!

ES IST LÄSSIG, SCHICK UND IM HANDUMDREHEN GENÄHT!

Fledermaus-Shirt

Größen 34/36 · 38/40 · 42/44 • **Schwierigkeitsgrad** ✂

Schnittbogen D in Rot

Material

- Baumwoll-Strick in Gelb (92 % Baumwolle, 8 % Polyester, 150 cm breit), 150 cm
- Farblich passendes Nähgarn

MIT DIESEM FLEDERMAUS-SHIRT BIST DU PERFEKT ANGEZOGEN FÜR DEN ABENDLICHEN STRANDSPAZIERGANG.

Zuschneiden

Die Schnittteile der gewünschten Größe vom Bogen auf Papier kopieren und ausschneiden.

Bitte beachten: Das Rückenteil aus den Teilen 3 und 3x zusammensetzen. Das Vorderteil aus dem Rückenteil kopieren.

Schnittbogen D in Rot
Größe: 34/36 - - - - - - - - - - - -
Größe: 38/40 ‹ × × × × × × × × × × ›
Größe: 42/44 ————————

Schnittteile gemäß Zuschneideplan auf den Stoff legen. Als Nahtzugabe am unteren Shirtrand sowie am Ärmelrand 2 cm, an den restlichen Schnittkanten 1 cm zugeben.

- 3 + 3x Rückenteil
- 3a Vorderteil
- 4 Halsausschnittbeleg

Zuschneideplan

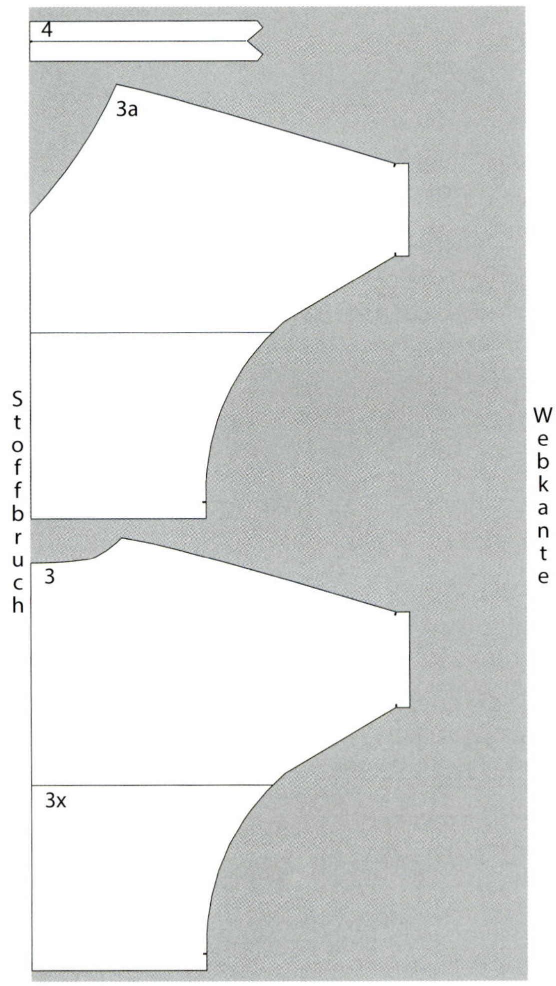

So wird's gemacht

1 **Vorder- und Rückenteil:** Vorder- und Rückenteil rechts auf rechts aufeinanderlegen und bei 1 cm die Schulter- und oberen Ärmelnähte schließen. Die Nahtzugaben versäubern und in das Rückenteil bügeln.

2 **Halsausschnittbeleg:** Die Blende an der Spitze rechts auf rechts bei 1 cm zum Ring schließen, die Nahtzugabe zur Spitze einschneiden und auseinanderbügeln. Die Blende an den langen Kanten links auf links in den Bruch bügeln, sodass die Schnittkanten exakt aufeinandertreffen. Die hintere Mitte der Blende markieren.

Die Halsausschnittblende erst an einer Seite, an der Spitze beginnend bis zur hinteren Mitte, rechts auf rechts an die Halsausschnittkante stecken. Die Naht der Blende liegt direkt an der vorderen Mitte des Oberteils. Diese Strecke annähen und dabei die Blende leicht dehnen. Nahtanfang und Nahtende verriegeln. Die Nahtzugabe am Vorderteil zur Spitze bis zum Nahtanfang einschneiden. Jetzt die andere Seite der Blende an die Halsausschnittkante stecken und annähen. An der Spitze beginnend, die Nahtzugabe versäubern, in das Oberteil bügeln und die Nahtzugabe von rechts füßchenbreit feststeppen. 2

3 **Seitennähte schließen:** Vorder- und Rückenteil rechts auf rechts legen, so dass die Seitenschnittkanten deckungsgleich aufeinanderliegen, feststecken und die Naht bei 1 cm schließen. Die Nahtzugaben versäubern und in das Rückenteil bügeln.

4 **Saum und Ärmelsaum:** Den unteren Shirtrand und die Ärmelkanten versäubern und 2 cm nach links umbügeln. Alle Säume an der Schnittkante knappkantig auf dem Oberteil bzw. Ärmel feststeppen.

2

COOLER HINGUCKER!

AUS BESCHICHTETEM VISKOSE-JERSEY SIEHT DIESE HOSE SEHR BESONDERS AUS. UND IST SOOO EINFACH UND SOOO SCHNELL GENÄHT.

Röhrenhose

Größen 36 · 38 · 40 · 42 • **Schwierigkeitsgrad** ✂

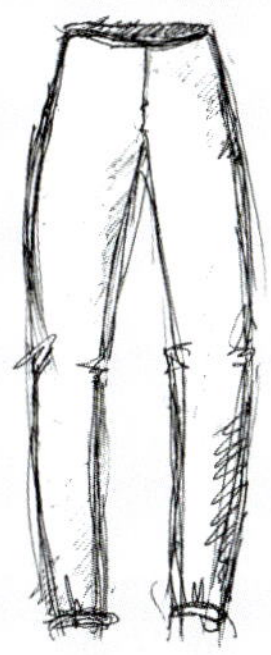

Schnittbogen C in Blau

Material

- Viskose-Jersey in Weiß mit silberfarbenem Druck (90 % Viskose, 10 % Elasthan, 140 cm breit), 120 cm
- Gummiband in Weiß (2 cm breit), 90 cm
- Farblich passendes Nähgarn

NICHT NUR COOL AM TAG, SONDERN AUCH GLAMOURÖS AM ABEND.

Zuschneiden

Die Schnittteile der gewünschten Größe vom Bogen auf Papier kopieren und ausschneiden.

Bitte beachten: Für die Vorderhose die Teile 1 und 1x, für die Hinterhose die Teile 2 und 2y zusammensetzen.

Schnittbogen C in Blau
Größe: 36
Größe: 38
Größe: 40
Größe: 42

Schnittteile gemäß Zuschneideplan auf den Stoff legen.
Als Nahtzugabe an den unteren Kanten 2 cm, an den restlichen Schnittkanten 1 cm zugeben.

- 1 + 1x Vorderhose
- 2 + 2y Hinterhose
- 3 Bund

Zuschneideplan

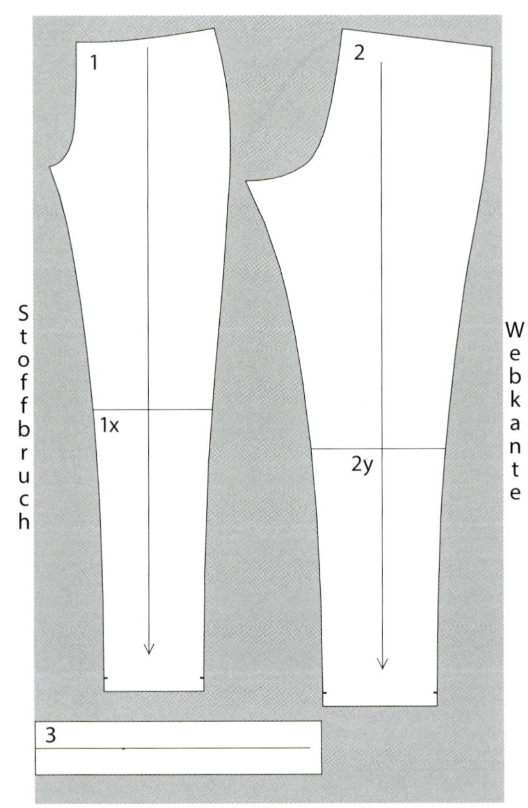

So wird's gemacht

1 **Vorder- und Hinterhose zusammennähen:** Je eine Vorder- und Hinterhose rechts auf rechts legen, sodass jeweils die äußeren Beinkanten sowie die inneren Beinkanten deckungsgleich aufeinanderliegen. Diese Kanten zusammenstecken und bei 1 cm schließen. Die Nahtzugaben versäubern und in die Hinterhosenteile bügeln. Beide Hosenbeine rechts auf rechts ineinanderstecken – die Schnittkanten der Schrittnaht liegen deckungsgleich, die inneren Hosenbeinnähte treffen exakt aufeinander. Die Schrittnaht bei 1 cm schließen, Nahtzugaben versäubern und in eine Richtung bügeln.

2 **Hosensäume:** Die unteren Hosenbeinkanten versäubern und 2 cm nach links umbügeln. Die Säume an der versäuberten Kante knappkantig auf die Hosenbeine steppen.

3 **Hosenbund:** Den Bundstreifen an den kurzen Kanten rechts auf rechts bei 1 cm zum Ring schließen. Die Nahtzugaben auseinanderbügeln. Den Hosenbund an den langen Kanten links auf links legen und den Bruch einbügeln. Gummiband auf Taillenweite plus 2 cm schneiden. Die Gummibandenden 2 cm übereinanderlegen und mit einem Viereck zusammennähen. Das Gummiband auf der Innenseite bis an die Bruchkante zwischen die Bundlagen schieben, Bund-Schnittkanten zusammenstecken und heften. Den Bundring jeweils an vorderer und hinterer Mitte sowie an den Seiten abstecken, dabei das Gummiband auf Stoffweite dehnen. Bund an den markierten Stellen vertikal absteppen.

4 **Hosenbund annähen:** Die vorderen und hinteren Mitten von Bund und Hose rechts auf rechts aufeinanderstecken. Ebenso die Bundseiten auf die äußeren Hosenbeinnähte stecken. Hosenbund in gedehntem Zustand bei 1 cm an die Hose nähen. Nahtzugaben versäubern und in die Hose bügeln. Die Naht von rechts auf der Hose schmal und füßchenbreit absteppen.

EIN ECHTER BLICKFANG!

DER WOHLFÜHL-HOODIE ...

GRAU TRIFFT AUF PINKFARBENE STREIFEN.
SPORTLICH, LÄSSIG UND BEQUEM.
EIN HOODIE, DER ZUERST SPAß BEIM NÄHEN
UND SPÄTER BEIM TRAGEN MACHT.

Kapuzen-Shirt in Grau

Größen 36 · 38 · 40 · 42 • **Schwierigkeitsgrad** ✂✂✂

Schnittbogen C in Schwarz

Material

- Jersey gerauht in Grau (56 % Micro-Modal, 40 % Baumwolle, 4 % Elasthan, 170 cm breit) 160 cm
- Streifen-Jersey in Blau/Pink (94 % Viskose, 4 % Elasthan, 140 cm breit), 100 cm
- Baumwoll-Schrägband in Pink (40/20 cm breit), 30 cm
- Druckknöpfe, silberfarben, 2 Stück
- Farblich passendes Nähgarn

Zuschneiden

Die Schnittteile der gewünschten Größe vom Bogen auf Papier kopieren und ausschneiden.

Bitte beachten: Das Vorderteil mit Kapuze aus den Teilen 7 und 7z zusammensetzen. Den Vorderteil-Beleg aus dem Vorderteil kopieren.

Schnittbogen C in Schwarz
Größe: 36
Größe: 38
Größe: 40
Größe: 42

Schnittteile gemäß Zuschneideplänen auf die entsprechenden Stoffe legen.
Als Nahtzugabe an der unteren Ärmelkante 3 cm, an den restlichen Schnittkanten 1 cm zugeben.

- 7 + 7z Vorderteil mit Kapuze
- 7a Vorderteil-Beleg mit Kapuze
- 8 Rückenteil
- 9 Ärmel

Nachfolgendes Schnittteil ist mit Nahtzugabe angegeben:
- A Saumbund: jeweils 2 cm kürzer als die untere Kante des Vorder- bzw. Rückenteils, 30 cm breit

Zuschneideplan

Jersey in Grau

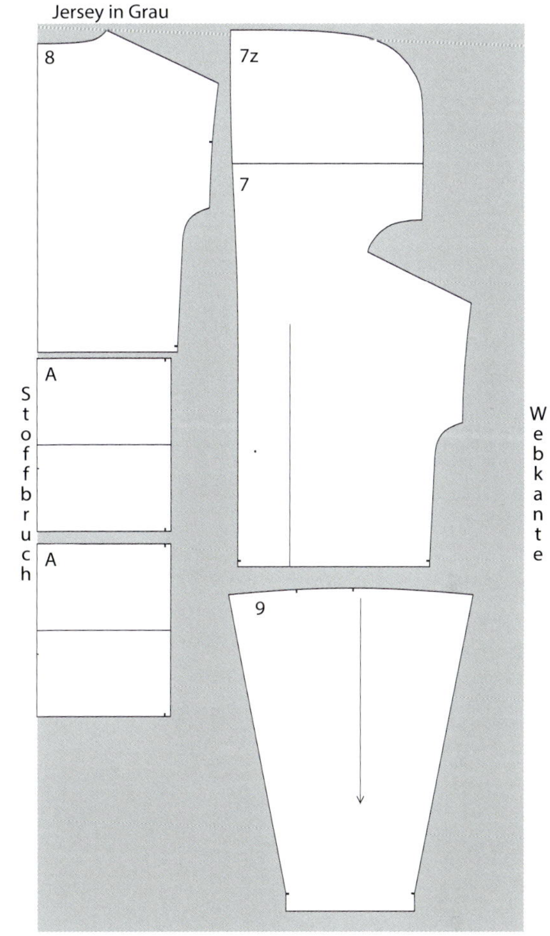

Streifen-Jersey in Blau/Pink

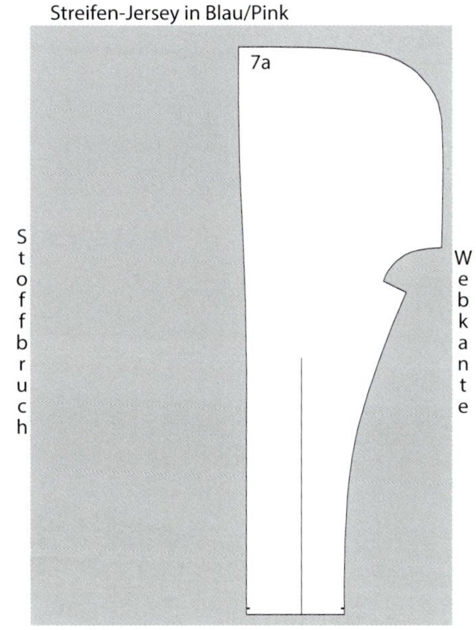

So wird's gemacht

1 Vorderteil mit Kapuze und Vorderteil-Beleg mit Kapuze nähen: Die Vorderteil-Belege mit Kapuze rechts auf rechts legen, sodass die Schnittkanten und das Streifenmuster deckungsgleich aufeinanderliegen. Die Kapuzennaht nähen – Halsrand noch offen lassen. Die Nahtzugabe auseinanderbügeln und von rechts beidseitig füßchenbreit feststeppen. An den Belegen die innere Längsschnittkante versäubern, die Nahtzugabe nach links umbügeln und ab Bruchkante füßchenbreit absteppen. 1
In gleicher Weise die Vorderteile mit Kapuze zusammennähen und die Naht und absteppen.

2 Kapuzenkante und vordere Kante verstürzen: Den Beleg und das Vorderteil an den vorderen Kanten und Kapuzenkanten rechts auf rechts deckungsgleich aufeinanderlegen – die Kapuzenmittelnähte treffen exakt aufeinander. Die gesamte Strecke feststecken und bei 1 cm nähen. Kante in den Nahtbruch bügeln.

TIPP: Bei einer verstürzten Naht, die in den Nahtbruch gebügelt werden soll, empfiehlt es sich, die Nahtzugaben zuerst auseinanderzubügeln und danach in den Nahtbruch.
Die vordere Kante inklusive Kapuzenkante bei 1 cm absteppen.

3 Beleg auf Vorderteil steppen: Den Beleg von links auf dem Vorderteil feststecken und genau in der sichtbaren Naht der gesäumten inneren Belegkante auf das Vorderteil steppen. 3a
Die aufeinanderliegenden Schnittkanten von Außenstoff und Beleg an Schulter, hinterem Halsausschnitt und Belegende zusammennähen. Das rechte Vorderteil links auf rechts auf das linke Vorderteil legen, sodass die vorderen Mitten beider Teile aufeinanderliegen. An der unteren Schnittkante des Oberteils die übereinanderliegenden Strecken füßchenbreit zusammennähen. Von Hand die Druckknöpfe laut Schnittmarkierungen annähen. 3b

4 Schulter und hintere Halsausschnittkante nähen: Vorder- und Rückenteil an den Schulterkanten rechts auf rechts legen. Achtung: die hintere Schulternaht (liegt unten) ist beim Auflegen 2 cm länger als die vordere Schulternaht! Schulternaht bei 1 cm schließen, dabei 1 cm in den Kapuzenansatz nähen, gut verriegeln. Die Nahtzugabe am Nahtende einschneiden. Den hinteren Halsausschnitt von Kapuze und Rückenteil rechts auf rechts zusammennähen. Die Nahtzugaben der Schulternähte versäubern und in das Rückenteil bügeln.

5 Hintere Halsausschnittkante einfassen: Das Baumwoll-Schrägband rechts auf rechts an die hintere Halsausschnittkante legen. Am Anfang und Ende (Schulterpunkt) des hinteren Halsausschnittes liegt die Nahtzugabe vom Band je 1 cm über der Schulternaht. Die Naht in der Bruchkante des Schrägbandes nähen. Das Schrägband danach um die Nahtzugabe herum nach innen legen – am Nahtanfang

1

3a

3b

5

bzw. Nahtende die überstehende Nahtzugabe nach links schlagen – und von rechts im Nahtschatten das Band feststeppen. Die eingefasste Nahtzugabe in das Oberteil bügeln und das Schrägband knapp an der Bruchkante auf das Rückenteil steppen. 5
Schulternähte von rechts knapp und füßchenbreit absteppen.

6 **Ärmel offen einsetzen:** Die oberen Ärmelschnittkanten rechts auf rechts auf die Armausschnittkanten des Oberteils legen und stecken. Die Naht bei 1 cm schließen; die Nahtzugabe versäubern. Ärmelnähte von rechts knapp und füßchenbreit absteppen.

7 **Ärmel- und Seitennähte schließen:** Vorder- und Rückenteil (inklusive Ärmel) an den Ärmel- und Seitenschnittkanten deckungsgleich rechts auf rechts aufeinanderlegen und jeweils in einem Arbeitsschritt die Nähte schließen. Die Nahtzugaben versäubern und in das Rückenteil bügeln.

8 **Ärmelsaum:** Die unteren Ärmelkanten versäubern und 3 cm nach links bügeln. Den Ärmelsaum an der versäuberten Kante knappkantig auf den Ärmel steppen.

9 **Saumbund:** Den vorderen und hinteren Saumbund rechts auf rechts aufeinanderlegen und die Seiten bei 1 cm zusammennähen. Die Nahtzugaben auseinanderbügeln. Die langen Bund-Kanten links auf links aufeinanderlegen, sodass die obere Bundkante im Bruch liegt. Die Schnittkanten leicht gedehnt zusammennähen.

10 **Bund und Oberteil zusammennähen:** Den Bund rechts auf rechts an das Oberteil stecken – die Seitennähte von Bund und Oberteil liegen deckungsgleich aufeinander, feststecken. Den Bund in gedehntem Zustand an das Oberteil nähen. Die Nahtzugaben versäubern und in das Oberteil bügeln. Die Nahtzugabe von rechts füßchenbreit auf dem Oberteil feststeppen.

* TIPPS & TRICKS * TIPPS & TRICKS * TIPPS &

TRICKS * TIPPS & TRICKS * TIPPS & TRICKS *

VERARBEITUNGSHINWEISE GRUNDAUSSTATTUNG

Folgende Dinge werden generell benötigt und sind in den Anleitungen nicht noch einmal gesondert aufgeführt:

- Nähmaschine
- Maßband und Lineal
- Schnittmusterpapier und Stift/Kopierrädchen
- Schneiderkreide, Markierstifte
- Schneiderschere und kleine Handarbeitsschere
- Steck-, Näh- und Sicherheitsnadeln
- Bügeleisen und Bügeltuch

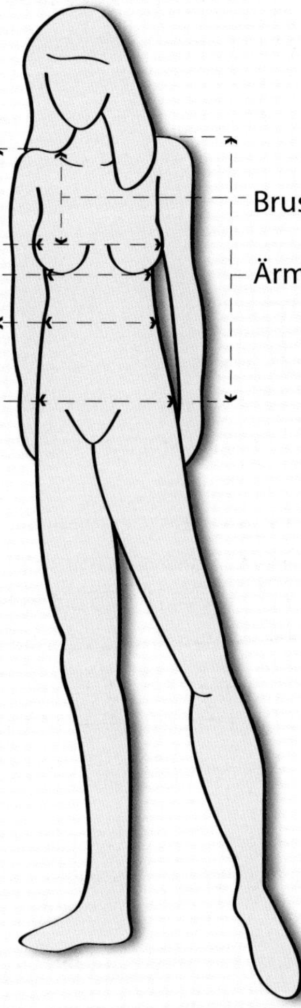

MASSNEHMEN

Um die richtige Größe zu ermitteln, ist genaues Maßnehmen erforderlich.

1. **Oberweite**: über die stärkste Stelle der Brust
2. **Taillenweite**: um die Taille
3. **Hüftweite**: über die stärkste Stelle der Hüfte
4. **Rückenlänge**: vom ersten Halswirbel bis zur Taille
5. **Vordere Länge**: von der höchsten Stelle der Schulter (Halsansatz) über die Brust bis zur Taille
6. **Ärmellänge und Schulterbreite**: bei leicht angewinkeltem Arm von der Schulter-Hals-Linie über den Ellenbogen bis zum Handgelenk.
7. **Rocklänge**: von der Taille bis zur gewünschten Länge

Die gemessenen Maße mit den Angaben in der Maßtabelle vergleichen. Nicht mogeln! Denn die richtige Größe ist wichtig, um späteres Abändern zu vermeiden. Nicht den Schnitt ausmessen, denn dieser enthält bereits die erforderliche Weiten-Zugabe. Die Schnitte beinhalten keine Nahtzugabe!

Normale Größen für Damen-Oberbekleidung

Bezeichnung/Größen	S		M		L	
Bezeichnung/Größen	34	36	38	40	42	44
Brustumfang	80	84	88	92	96	100
Taillenumfang	65	68	72	76	80	84
Hüftumfang	90	94	98	102	106	110

STOFF VORBEREITEN

Die angegebenen Stoffmengen sowie die Zuschneidepläne beziehen sich auf die Originalstoffe. Sollten die Stoffmengen oder andere Angaben je nach Größe variieren, so ist das an den jeweiligen Stellen vermerkt. Falls abweichend davon Stoff mit einer anderen Stoffbreite gewählt wird, verändern sich natürlich Stoffverbrauch und Zuschnitt.

Es ist empfehlenswert, jeden Stoff vor dem Zuschnitt zu waschen und zu bügeln, denn viele Stoffe laufen durch die Wäsche ein – der eine mehr, der andere weniger. Selbst beim Bügeln schrumpfen viele Materialien nochmals. Darauf achten, dass die richtige Bügelwärme einstellt ist. Nicht jeder Stoff verträgt extreme Hitze.

SCHNITTTEILE

In der Modellanleitung ist angegeben, auf welchem Arbeitsbogen die benötigten Schnittteile zu finden sind, sowie die Farbe, in der diese gedruckt sind z. B. → **Schnittbogen B in Schwarz.**

Jedes Schnittteil hat eine spezifische Schnittteilnummer z. B. → 5 Vorderteil. An der unteren und oberen Längsseite des Bogens befindet sich je ein Balken mit Zahlen. Diese Zahlen entsprechen den Schnittteilnummern. Fährt man nun rechtwinklig von der entsprechenden Zahl nach oben bzw. unten in den Schnittbogen hinein, stößt man auf die gleiche, fettgedruckte Zahl. Diese liegt an der Kontur dazugehörenden Schnittteils.

Die verschiedenen Größen sind mit unterschiedlichen Konturlinien gezeichnet. Die Linie wählen, die der Konfektionsgröße entspricht.

Schnittkonturen können optional mit einem Stift (Textmarker) markiert werden. Nun das Schnittteil durchpausen oder herauskopieren. Zum Durchpausen wird Seiden- oder Schnittpapier benötigt. Dies wird auf den Schnittbogen gelegt und das markierte Teil abgezeichnet. Beim Durchradeln (mit dem Kopierrädchen) das Papier unter den Schnittbogen legen und Außenkonturen sowie markierte Linien durchradeln.

Wichtig: Alle Schnitt-Markierungen übertragen. Sorgfältig arbeiten, um exakte Schnittteile zu erhalten.

Die Bruchlinie kennzeichnet die Mitte eines Schnittteils. Manche Teile werden „im Stoffbruch" zugeschnitten. Durch das Anlegen an den Stoffbruch wird beim Zuschneiden die zweite Hälfte des Teils ergänzt. An der Bruchlinie ist keine Naht!

Für Kleidungsstücke werden in der Regel doppelt zugeschnittene Teile, also zwei Ärmel, zwei Kapuzenteile oder auch Vorder- und Rückenteile benötigt. Einige Teile werden jedoch auch in einfacher Stofflage zugeschnitten. Die Zuschneidepläne beim Modell zeigen, wie die Schnittteile auf die verschiedenen Stoffe aufgelegt werden. **Teile in doppelter Stofflage sind weiß gefärbt, Teile in einfacher Stofflage sind dunkelgrau gefärbt.**

Hinweis: Alle nummerierten Schnittteile plus Naht- und Saumzugabe gemäß Anleitung zuschneiden! Die Schnittteile beinhalten keine Nahtzugabe!

Teile, die mit A, B, C usw. bezeichnet sind, sind vermaßt und inkl. der benötigten Nahtzugabe angegeben.

ZUSCHNEIDEN

Für einen sauberen Zuschnitt die Schnittteile auf dem Stoff mit kleineren Gewichten beschweren (z. B. Bücher), um ein Verrutschen des Stoffs oder des Schnittteils zu verhindern. Den Schnitt mit Stecknadeln auf dem Stoff zu befestigen ist auch eine Option, die ich jedoch vermeiden würde, um das Schnittmuster zu schonen.

FADENLAUF

Bei einem Gewebe werden Kett- und Schussfäden miteinander verwoben. Der Fadenlauf zeigt die Richtung an, in der das Schnittteil aufgelegt werden muss (Kettrichtung). Im Allgemeinen verläuft der Fadenlauf parallel zur Webkante bzw. zum Stoffbruch.

Maschenware, wie z. B. Jersey besteht aus ineinandergreifenden Schlingen, den Maschenstäbchen. Die Längsreihen aus Maschenstäbchen entsprechen dem Fadenlauf.

STOFFBRUCH

Wird der Stoff Webkante auf Webkante zusammengelegt, ergibt sich eine Faltkante, die als Stoffbruch bezeichnet wird.

DOPPELBRUCH

Die Webkanten beidseitig zur Mitte legen, sodass die äußeren Kanten nun im Stoffbruch liegen. Wie weit die Webkanten nach innen geschlagen werden, hängt von der Breite des im Stoffbruch liegenden Schnittteiles ab. Bleibt in der Mitte ein Stück frei, kann dieser Platz für Schnittteile genutzt werden, die in einfacher Stofflage zugeschnitten werden müssen.

KNIPSE

Knipse sind extrem wichtige Markierungspunkte, die dafür sorgen, dass Schnittteile deckungsgleich aufeinanderpassen. Besonders hilfreich sind Knipse bei unterschiedlichen Kantenformen zweier Schnittteile, die man miteinander vernähen muss. Beim Zuschneiden die Knipse mit einem kleinen Einschnitt von 3 mm markieren.

SCHRÄGER FADENLAUF

Der schräge Fadenlauf verläuft im 45-Grad-Winkel zur Webkante. Schnittteile, die in dieser Richtung zugeschnitten werden, sind besonders dehnbar. Daher lassen sich beispielsweise schräg zugeschnittene Streifen gut zum Einfassen von Kanten verwenden.

RECHTE UND LINKE STOFFSEITE

Die so genannte „rechte Seite" ist die Schauseite, also die Außenseite des Stoffs. Wenn es also heißt „Stoffteile rechts auf rechts aufeinanderlegen", zeigen die rechten Schauseiten nach innen und die linken Seiten nach außen.

STECKEN UND HEFTEN

Stoffteile immer zuerst mit Stecknadeln fixieren oder heften, damit sie beim Nähen nicht verrutschen oder sich Falten bilden. Eine Heftnaht wird mit dem größtmöglichen Geradstich der Nähmaschine oder mit großen Vorstichen von Hand ausgeführt. Nahtanfang und -ende werden nicht gesichert.

NÄHEN

Der Geradstich ist der grundlegende Nutzstich beim Nähen mit der Nähmaschine. Dies wird auch als „Steppen" bezeichnet. Im Allgemeinen wird auf der linken Stoffseite genäht. Dazu die beiden rechten Stoffseiten aufeinanderlegen und mit Geradstichen zusammennähen.
Elastische Stoffe erfordern elastische Nähte, damit die Nähte nicht reißen. Die meisten Nähmaschinen haben elastische Stiche im Programm, alternativ eignet sich ein schmal eingestellter Zickzackstich. Synthetisches Garn und eine Jersey-Nadel verwenden. Diese hat eine abgerundete Spitze, sodass die Jersey-Maschen nicht verletzt werden.
Bei Verwendung einer Overlock-Nähmaschine die Nähte z. B. mit der 4-fädigen Sicherheitsnaht schließen, Saumkanten mit einem Overlockstich versäubern und Säume mit der normalen Nähmaschine oder mit einem Coverstich festnähen.

VERRIEGELN

Eine Nähmaschinennaht muss am Anfang und Ende vernäht, also „verriegelt" werden, sonst löst sie sich auf. Am Nahtbeginn drei bis vier Stiche vorwärts, dann rückwärts und anschließend wieder vorwärts nähen. Am Nahtende gegengleich verfahren.

AB-(AUF)STEPPEN

Eine Naht oder Kante auf der rechten Seite des Projekts nochmals dekorativ nachsteppen.

FUßBREIT

In der Regel ist ein Nähfuß 14 mm breit. Der Abstand der äußeren Fußkanten zur Nadel beträgt auf jeder Seite 7 mm. Schließt die Stoffkante beim Nähen mit der Außenkante des Nähfußes ab, versteht man darunter das „fußbreite Nähen". Es entsteht hierbei eine Naht, die 7 mm entfernt von der Stoffkante verläuft.

VERSÄUBERN

Um zu verhindern, dass die Schnittkanten von Nahtzugaben nach dem Nähen ausfransen, müssen diese, entweder mit einer Overlock-Maschine oder per Zickzackstich, umnäht und damit gesichert werden.

VERSTÜRZEN

Der Ausdruck Verstürzen fasst eigentlich mehrere Arbeitsgänge: Das Zusammennähen zweier Stoffteile (z. B. von zwei Taschenbeuteln), das Zurückschneiden der Nahtzugaben rundherum und an den Ecken, das Einschneiden/Einknipsen von Rundungen und das anschließende Wenden des Teils.

NAHTSCHATTEN

„Im Nahtschatten nähen" bedeutet, dass ein verstürztes Stoffteil von der rechten Seite an der verstürzten Naht mit dem Stoffteil verbunden wird.

BELEG

Hierbei handelt es sich um ein kleines Schnittteil, das die gleiche Form hat wie die Kante, die es versäubern soll (zum Beispiel den Halsausschnitt). Der Beleg wird nach dem Annähen nach innen umgeschlagen.

UNTERSTEPPNAHT

Eine Untersteppnaht ist eine Naht, die von rechts knapp neben der verstürzten Naht den Beleg mit der Nahtzugabe verbindet (z. B. das Halsloch mit dem Belegstreifen). Sie dient zur Stabilisierung des verstürzten Teiles, das im Anschluss in den Nahtbruch gebügelt werden soll.

IMPRESSUM

Verantwortlich: Theresa Peter
Lektorat: A. Reuß
Fotografie: Lukas Goldschmidt
Step-Bilder und technische Zeichnungen: Brigitte Büge
Layout: Grafikwerk Freiburg
Umschlaggestaltung: Guter Punkt GmbH & Co. KG
Repro: Ludwig:media, Zell am See
Herstellung: Bettina Schippel, Stephanie Schlemmer
Printed in Italy by Printer Trento

★★★★★

Sind Sie mit diesem Titel zufrieden? Dann würden wir uns über Ihre Weiterempfehlung freuen.
Erzählen Sie es im Freundeskreis, berichten Sie Ihrem Buchhändler oder bewerten Sie bei Onlinekauf.
Und wenn Sie Kritik, Korrekturen, Aktualisierungen haben, freuen wir uns über Ihre Nachricht an:
Christian Verlag, Postfach 40 02 09, D-80702 München
oder per E-Mail an: lektorat@verlagshaus.de.

Unser komplettes Programm finden Sie unter
www.christophorus-verlag.de

Herstellerverzeichnis

- Amann & Söhne GmbH & Co. KG, Bönnigheim
- Bolognini s.r.l., Montemurlo, Italien
- Fordiani Riccardo & C. s.a.s., Prato, Italien
- Gebrüder Colsmann Creation GmbH & Co. KG, Essen
- Heiligenstädter Reißverschluss GmbH & Co., Heiligenstadt
- Hestor, Blomberg
- Krass + Wissing GmbH, Steinfurt
- Leathertex, Vaiano, Italien
- Maute + Renz Textil GmbH, Abstadt
- Nesatex s.r.l., Carpi, Italien
- Nietzschmann & Hildebrandt, Stelle
- Satab, St. Just Malmont, Frankreich
- Tessitura Rossi, Carpi, Italien
- Vilartex, Corvite - Guimaraes, Portugal
- 2G Tricot s.r.l., Cassano Magnago, Italien

Direktbestellung aller Stoffe unter:
www.brigitte-buege-online.com

Die Deutsche Nationalbibliothek verzeichnet diese Publikation in der Deutschen Nationalbibliografie; detaillierte bibliografische Daten sind im Internet über http://dnb.d-nb.de abrufbar.

ISBN 978-3-8410-6541-4

Kreativ-Service

Sie haben Fragen zu den Büchern und Materialien? Frau Erika Noll ist für Sie da und berät Sie rund um alle Kreativthemen. Rufen Sie an! Wir interessieren uns auch für Ihre eigenen Ideen und Anregungen. Sie erreichen Frau Noll per E-Mail: **mail@kreativ-service.info** oder Tel.: **+49 (0) 5052 / 91 18 58**

Besuchen Sie uns im Internet: **www.christophorus-verlag.de**

Ebenfalls erhältlich ...

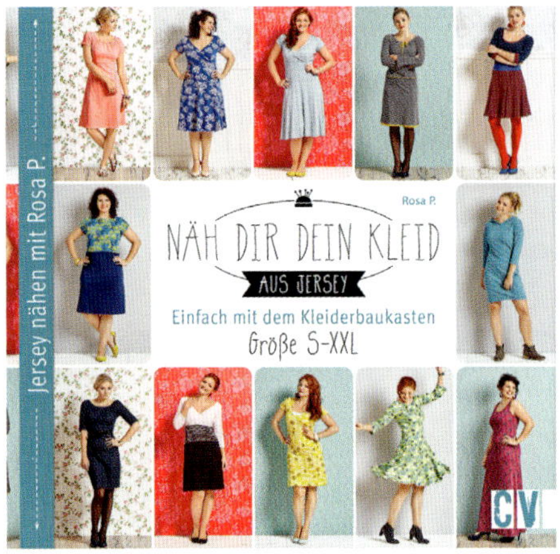

ISBN: 978-3-8410-6399-1

ISBN: 978-3-8410-6506-3

ISBN: 978-3-8410-6410-3

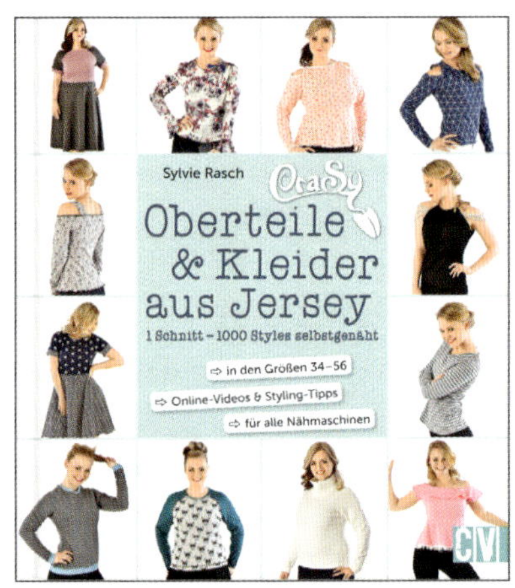

ISBN: 978-3-8410-6524-7

CV

www.christophorus-verlag.de

Ebenfalls erhältlich ...

ISBN: 978-3-8410-6442-4

ISBN: 978-3-8410-6486-8

ISBN: 978-3-8410-6477-6

ISBN: 978-3-8410-6500-1

CV

www.christophorus-verlag.de

WE LOVE JERSEY * WE LOVE JERSEY